エフォートレス思考

努力を最小化して成果を最大化する

グレッグ・マキューン＝著　高橋璃子＝訳

effortless

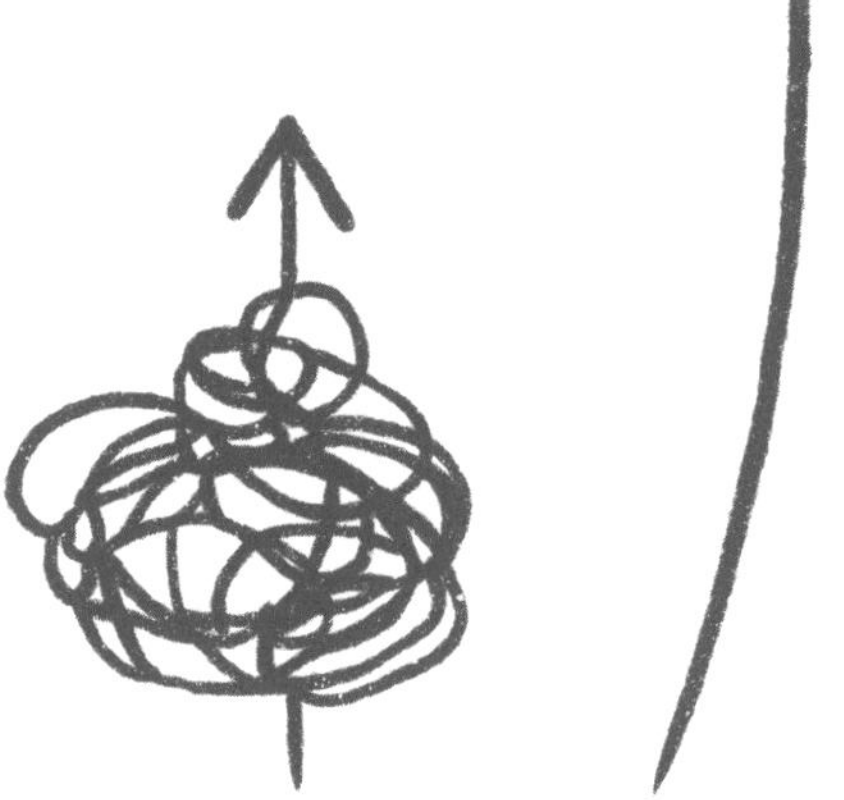

Make It Easier to Do What Matters Most

Greg McKeown

かんき出版

わたしのくびきは負いやすく、わたしの荷は軽い。

——マタイによる福音書　11 章 30 節

effortless
by
Greg McKeown

This translation published by arrangement with Currency,
an imprint of Random House, a division of Penguin Random House LLC,
through Japan UNI Agency, Inc., Tokyo

推薦の言葉

エフォートレス思考は、まさにゲームチェンジャーだ。
やらなくていいことが困難になり、やるべきことが簡単になる。
もう瑣末《さまつ》なタスクに追われて疲れきる必要はない。
燃えつき症候群が蔓延する世の中で、マキューンの言葉こそエッセンシャルである。

ダニエル・ピンク

（『Ｗｈｅｎ　完璧なタイミングを科学する』『モチベーション３・０』著者）

大きな目標を達成するには、それだけ大きな苦労が必要だと言われる。

だがそれでは、働きすぎと疲労が積み重なるだけではないのか。

エッセンシャル思考の続編にあたる本作で、マキューンは僕たちの思い込みを覆してくれた。目標が大きければ大きいほど、苦労「しない」ことが大切なのだ。

疲れきった世の中に、今こそ必要な一冊だ。

カル・ニューポート
（『大事なことに集中する』『デジタル・ミニマリスト』著者）

不安に満ちた世の中で、仕事でも家庭でもやるべきことばかり増えていく。

もうお手上げだという気持ちになる。

そんな現在、もっともタイムリーで、もっとも求められている一冊だ。

イヴ・ロドスキー
（NYタイムズベストセラー『Fair Play』著者）

ハードワークは誇らしいことだ。
だが、これ以上は頑張れないという限界に達したとき、どうすればいいのか?
本書はその答えを教えてくれる。
諦めるのではなく、燃えつきるのでもなく、簡単なやり方を見つければいいのだ。
本書はすぐに使えるシンプルな戦略に満ちている。
私たちが思うほど、ものごとは難しくないのかもしれない。

アリアナ・ハフィントン
(ハフポスト共同創設者、スライブ・グローバル創設者・CEO)

エフォートレス思考
CONTENTS

第2章 ENJOY《遊び》 「我慢」を「楽しい」に変える

第3章 RELEASE《解放》 頭の中の不要品を手放す

第4章 REST《休息》「休み」で脳をリセットする

第5章 NOTICE《集中》 今、この瞬間にフォーカスする

PART 2

エフォートレスな行動

PART 3

エフォートレスのしくみ化

イラスト／Greg Mckeown and Denisse Leon
本文デザイン・DTP／松好那名（matt's work）

Prologue

エフォートレス思考とは
そのやり方が唯一の道ではない

はじめに、パトリック・マクギニスという人の話を紹介したい[1]。

パトリックは優秀な人間だった。やるべきことはなんでもこなした。名門大学を卒業し、ハーバード・ビジネス・スクールで経営を学び、超一流の金融機関に就職した。

仕事は多忙をきわめた。週の労働時間は80時間に達し、休みはまったく取れない。上司より早く帰ったことは一度もなく、まるで職場に住んでいるような感覚だった。

出張も数えきれないほどあった。航空会社のマイルが貯まり、最上級会員のさらに上のランクに達したほどだ。いまや彼は世界各地の4つの企業で役員を務めていた。体調が悪くても休むわけにはいかず、重役会議の最中にトイレに駆け込んで吐いたこともある。顔色が真っ青だと言われたが、それでも根性で乗りきった。

人間は努力してこそ一人前だ。そういう価値観を刷り込まれていた。成功にあぐらをかかず、さらに上を目指さなくてはならない。

長時間労働は成功への鍵であるだけでなく、それ自体が成功の証だった。定時で帰れるとしたら、それは責任ある仕事をしていないからだ。

努力はきっと報われると信じて、身を粉にして働いた。

そんなある日、勤めていた巨大企業が実質的に破綻した。

時は２００８年、企業の名前はＡＩＧ。金融危機のダメージをもろに食らい、彼の保有する株式は97％値下がりした。連日の残業も、欧州や南米や中国への深夜フライトも、大事な人の誕生日を祝えなかった日々も、すべては無に帰した。

それからというもの、朝になってもベッドから起き上がれなくなった。眠っても嫌な汗をかく。

視界がぼんやりとして、先が見えなかった。

まさにお先真っ暗だった。彼の人生は終わった。おしまいだ。

ストレスで体はボロボロだった。病院でいくつかの検査を受け、タクシーで帰宅する途中、彼は神にこう祈った。

「もしもふたたびチャンスをもらえるなら、今度は生き方を変えてみせます」

それまでのパトリックの生き方は、ジョージ・オーウェルの寓話小説『動物農場』に出てくる雄馬「ボクサー」のようだった。ほかの誰よりも力持ちで働き者、何か問題が起こると「俺がもっと頑張るよ」[2]というのが口癖だった馬は、やがて過労で倒れて解体業者へ送られた。

「頑張って働けば、どんな問題も解決できると思っていました」とパトリックは言う。

「しかしどんなに頑張ったところで、その利益率は、マイナスだったんです」

では、どうすればいいのか。

選択肢は3つだった。

1　このまま死ぬまで頑張りつづける
2　成功をあきらめて楽な仕事をする
3　頑張らない働き方でうまく成功を手に入れる

彼が選んだのは、3つめの選択肢だった。

パトリックはＡＩＧの役員の座を手放し、代わりにコンサルタントとして会社にとどまることにした。週に80時間働くのはやめて、定時で帰宅するようになった。週末にメールをチェックするのもやめた。

睡眠時間を増やし、ウォーキングとジョギングを始めた。食生活も改善した。体が引き締まり、だんだんと生活や仕事が楽しいと感じられるようになった。

そんなとき、友人がスタートアップ企業に投資していることを知った。投資といっても大げさなものではなく、気になる企業に少しずつお金を投じるというものだ。

自分もやってみたいと思い、パトリックはいくつかの企業に投資した。

リターンは予想以上だった。もう世の中が不景気になっても、いちいち気にしなくてすんだ。ひとつの収入源に依存していないからだ。

労働時間は半分になり、収入が増えた。ストレスが減り、仕事のやりがいが増えた。

「仕事というより、趣味みたいな生き方です」と彼は言う。

彼はこの経験から、大きな教訓を得た。

頑張ってもうまくいかないなら、別の道を探したほうがいい。

さて、あなたはどうだろう。

こんなふうに感じたことはないだろうか？

・走っても走っても、ゴールに近づけない

・もっと成果を出したいのに、エネルギーが足りない
・このままじゃ燃えつきてしまいそうだ
・いったいどうして、こんなに何もかも大変なんだ?

まじめに頑張っているのに、なぜかうまくいかない。やる気はあるのに、成果が出ない。なんだか疲れるばかりで、前に進めない。

ひとつでも思いあたるなら、本書はあなたのためにある。

どうしてこんなに何もかも大変なのか

人生は潮の満ち引きのようなものだ。何事にもリズムがある。力いっぱい押すべきときもあれば、リラックスして何もしないほうがいいときもある。

ところが現代人は、力を抜くことを忘れてしまったようだ。メリハリなく、ひたすら頑張りつづけている。

現代はチャンスに満ちた時代だといわれる。なのに私たちの暮らしは、まるで標高の高い山を歩いているかのようだ。頭はぼんやりするし、足もとは危険に満ちている。空気は薄く、一歩進むだけでぐったり疲れる。

なぜ、そうなのだろう。将来が不安でいっぱいだからだろうか。孤独で人とつながれないからだろうか。お金に困っているからだろうか。あらゆる責任が重くのしかかり、逃げられないと感じるからだろうか。

原因が何であれ、私たちは2倍働いても、半分しか進まないように感じている。

人生は厳しい。あらゆる意味で厳しい。

複雑な問題や生活の重荷。悲しいことやうんざりすること。失望に打ちのめされ、請求書の金額に頭を抱える。家族を持つのは大変だ。愛する人を失うのはつらい。毎日が重苦しくて仕方ない時期もある。

1冊の本で、そうした困難がすべて解決できると言うつもりはない。

だが、重荷をいくらか軽くすることならできる。人生のすべてが簡単にいくとはかぎらない。それでも本書を読めば、多くのことが以前よりもずっと簡単になるはずだ。

大きな困難を前にして、くじけそうになるのは当然だ。日々の面倒やストレスが積み重なり、気力を失ってしまうのも無理はない。誰だってそう感じるときはある。

近年では、より多くの人が、より多くの無力感を感じているように見える。

もっと頑張って働けば、なんとかなるのだろうか。頑張ることを賛美する文化のなかで、ほとんどの人は、むしろ頑張りすぎているのではないか？

働きすぎはけっして名誉ではない。

くたくたに疲れていなければ、サボっていると言われる。

つぶれるまで働かなければ、ダメなやつだと言われる。

ゴールは人の限界を超えたところにあるみたいだ。


頑張りが成果につながることは事実だ。だが、それには限界がある。あるポイントを超えると、いくら時間とエネルギーを費やしても、それ以上の効果は得られない。疲れれば疲れるほど、頑張りから得られるリターンは少なくなる。無理やり頑張りつづけた先にあるのは、燃えつきて起き上がれなくなった自分だ。

つぶれるまで頑張ったのに、結局は何も得られない。

身に覚えのある人もいると思う。今まさに、あなたがそんな状況にいるかもしれない。

だが、ためしに逆のアプローチをとってみたらどうか。

限界を超えて頑張るのではなく、もっと簡単な道を選んでみたらどうだろう？

大きな石が多すぎる

前著『エッセンシャル思考』を出版したあと、私は世界中を飛びまわった。各地で講演をし、サイン会を開き、大切なメッセージを人々に語りかけた。

子どもたちの一人をツアーに連れていくことも多く、よい刺激になると言って妻も喜んでくれた。サイン会会場の書店に到着してみると、何百人もの行列ができていて、本がすっかり売り切れていたこともあった。

めまぐるしくも、すばらしい日々だった。空港のラウンジ、ウーバーの車内、ルームサービスを注文してくつろぐホテルの部屋。そんな光景が走馬灯のように駆けめぐる。『エッセンシャル思考』の成功は、すべてを変えた。[3]

人々は私の著書を何回も、何十回も読み、エッセンシャル思考がどのように彼らの人生を変えたかを語ってくれた。彼らの話を聞くのは、私にとっても大きな喜びだった。

一人でも多くの人に、エッセンシャル思考を直接語りかけたいと思った。できれば読者からのメールにすべて返信したかった。サイン会に来てくれた全員に、個人的なメッセージを書きたかった。エッセンシャル思考の体験を語ってくれる読者一人ひとりに、心から向き合いたいと思った。

一方で、いまや私は4人の子どもの父親になっていた。家族は私の最優先事項だ。持てる力のすべてを、家族のために使いたい。妻のアンナに寄り添い、彼女が夢を叶えるのをサポートしたい。子どもたちの話にじっくり耳を傾け、どんなに忙しくても彼らのために時間を割いてやりたい。

必要なときにはいつでもアドバイスをし、応援し、成功をともに喜びたい。一緒にボードゲームを楽しみ、レスリングや水泳をやり、テニスをし、海辺に行き、ポップコーンを片手に家族で映画を楽しみたい。

その時間を捻出するために、私は優先順位の低い仕事をどんどん削った。すぐに次の本を書いてほしいと何度も言われたが、断った。スタンフォード大学の講師の仕事も少し休むことにした。ワークショップのビジネスを始める計画も、いったん保留にした。

これ以上削れないというところまで削った。


ところが問題は、それでも忙しすぎることだった。

私はエッセンシャル思考を体現しようと、頑張っていた。自分の言ったことを実行していた。

だが、それだけでは足りないのだ。

絶対やりたいことだけに「イエス」と言い、その他のすべてに「ノー」と言う。

そうすれば、忙しさに押しつぶされることなく大事なことを達成できるはずだった。

けれど、今では別の問いに直面していた。

本質的なことだけに人生を絞り込み、しかしそれでも多すぎるときには、どうしたらいいのだろう？

ちょうどその頃、私は優秀な起業家たちにセミナーをおこなっていた。

ある日、参加者の一人が「ビッグロックの法則」に言及した。

ビッグロックの法則は「大きな石理論」とも呼ばれる有名な法則だ。空瓶にさまざまな大きさの石を詰めようとするとき、小さな石から入れていくと、大きな石を入れるスペースがなくなってしまう。

今度は同じ大きさの瓶を用意して、大きな石を最初に入れていく。それから小石や砂利を入れると、ちょうど隙間にフィットして、すべての石がうまく収まる。

もちろんこれはメタファーだ。大きな石は、健康や家族などの最優先事項。小さな石は、仕事やキャリアといった、優先順位がいくらか低いものごと。砂利はスマホいじりやSNSなど、取るに足りないものごとを表す。

要するに、いちばん大事なことを優先すれば、大事なことを達成できるだけでなく、ほかのことをする余裕も生まれるという意味だ。逆に、些細《ささい》な用事から手をつけようとすると、本当に大事なことをする余裕がなくなってしまう。

しかしその夜、ホテルの部屋に戻り、私は考え込んだ。もしも大きな石が多すぎたら、どうするのか。もしも絶対やりたいことが、瓶の大きさにまったく収まらないとしたら？

そんなことを考えているとき、スマホが鳴った。息子のジャックからのビデオ通話だった。

めったにないことだったので、私は心配になった。なんだか顔色が悪いようだ。お

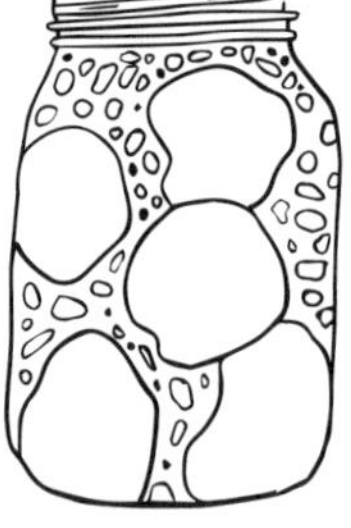

大きな石から入れると
うまく収まる

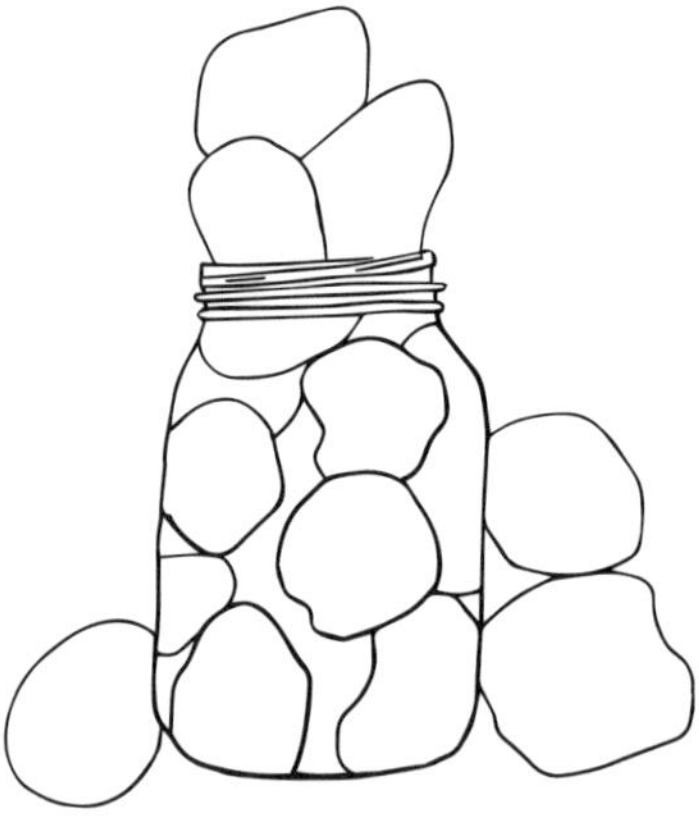

でも、大きな石が
多すぎるとしたら？

びえているようにも見える。

後ろから妻が「画面をこっちに向けて、映して」とジャックに言った。ジャックはなんとか状況を説明しようとしていた。

「イヴが、大変なんだ……ご飯を食べていたら、急に頭がガクガクして……だからママが、パパに電話しなさいって」

娘のイヴが、てんかん発作を起こしていたのだった。

私は何を考える暇もなく、大急ぎで荷物を詰め込むと、夜行便で家族のもとへ飛んだ。

それからはストレスの連続だった。病院に通い、医師と何度も話し合った。友人や親戚から、休む間もなく電話が鳴り響いた。

そんな緊急事態でも、仕事が消えてなくなるわけではなかった。講演のスケジュールを変更し、飛行機をキャンセルし、重要なメールに返事をしなくてはならない。

四方から壁が押し寄せてくるように感じた。重荷はもはや支えきれる量を超えていた。だんだん息が苦しくなる。いっそあきらめて崩れてしまいたい。このままでは拷問だ。

そんな日々が数週間つづいた。そしてようやく、自分に何が起こっているのかを理解した。すっかり燃えつきて、どこにも進めなくなっていたのだ。

気が焦るばかりで、何もうまくいかない。まるで非エッセンシャル思考だ。

なんとかエッセンシャル思考を貫こうとしていたが、もう削れるものはどこにも残っていなかった。

すべてが最優先事項ばかりだ。私は妻のアンナに言った。

「このままじゃ、無理かもしれない」


私は正しい基準で、正しいことをやろうとしていた。

間違っていたのは、やり方だった。

その頃の私のやり方は、まるでフォームを知らない重量挙げ選手のようなものだった。

息つぎの仕方を学ばないまま泳いでいる競泳選手のようなものだった。パン生地をこねる機械を持たずに、手ごねで大量のパンをつくるパン屋のようなものだった。

あなたにも、覚えがないだろうか。


本当に大事な仕事をやっているのに、どこか楽しめない。

全力を出しているのに、全然足りない。

エッセンシャルな仕事だけをやっているのに、なぜか時間がない。

もっとやりたいことがあるのに、どこにも余裕がない。

力ずくで成果を上げても、疲れすぎて喜ぶ元気もない。

そんなあなたに、伝えたいことがある。

今のやり方が、唯一の道ではないということだ。

何もかもがそんなに大変である必要はない。成果を上げるために、つねに疲れきっている必要はない。大事なことをやり遂げるために、心身を極限まですり減らす必要はない。

大事なことだけをやろうとしても、それでも多すぎるなら、あきらめるか、やり方を変えるしかない。

エッセンシャル思考は、「何を」やるかを教えてくれた。

エフォートレス思考は、「どのように」やるかを極める技術だ。

『エッセンシャル思考』を書いたおかげで、何千人もの人々と話す貴重なチャンスをいただいた。直接会って話した人もいれば、ソーシャルメディアやポッドキャストを通じてつながった人もいる。

そのなかで、エッセンシャル思考を実践するうえでの苦労話もたくさん聞かせてもらった。心打たれる体験だった。それほど多くの人が、それほど切実によりよい生き方をしようともがいている。

彼らの話を聞いて、学んだことがある。

誰だって、本当に大事なことをしたいと思っている。健康になりたいし、将来のために貯金もしたいし、仕事で成功したいし、家族や同僚といい関係を築きたい。

問題は、やる気がないことではない。やる気でなんとかなるなら、誰もが理想的な体型で、お金に困らず、大好きな仕事をしながら、最高の人間関係を築いているはずだ。

問題は、どんなにやる気があっても、リソースが限られていることだ。本当に大事なことで成果を出したいと思うなら、働き方と生き方を根本的に変える必要がある。

力ずくで頑張るのではなく、いちばん楽なやり方で最優先事項に取り組むのだ。

力を抜くのは、なんだか後ろめたいかもしれない。手を抜いているような気がするかもしれない。後れをとってしまうのではないかと不安になるかもしれない。

現代人なら誰もがそんなマインドセットを刷り込まれていると思う。努力こそが善で、楽をするのは悪いことだと。

だが、力を抜いて成果を出すのは、けっして怠惰なことではない。

むしろ、スマートな生き方だ。

努力でも怠惰でもなく、スマートに結果を出すこと。それこそが、大事なことをあきらめずに、しかも正気を保つための最善の道なのだ。

もしも瑣末なものごとが困難になり、本質的なものごとが簡単になったら、何が起こるだろう？

もしも暇つぶしの娯楽が急につまらなくなり、先延ばしにしている大事なプロジェクトが急に楽しくなったらどうだろう？

もしもそんな変化が起こったら、状況は一変する。何もかもが、がらりと違って見えてくるはずだ。エフォートレス思考は、それを現実にする。

エフォートレス思考とは、働き方や生き方を、すっかり変えてしまう試みだ。

頑張らないのに結果を出す。いや、頑張らないからこそ結果が出せる。

正しいやり方さえ見つければ、人生の重荷は軽くなり、余裕で大きな成果がついてくる。


もしも瑣末なものごとが困難になり、本質的なものごとが簡単になったら、いったい何が起こるだろう？

エフォートレス思考の3ステップ

本書は3つのPARTにわかれている。

PART1　エフォートレスな精神

――頭のガラクタを片づけて、余裕のマインドを手に入れる。

PART2　エフォートレスな行動

――もっとも効率のいいポイントを見つけて、余裕で最高の成果を出す。

PART3　エフォートレスのしくみ化

――行動を自動化し、成果が勝手についてくるしくみをつくる。

これらを順に身につければ、なんの苦労もなく、最高の成果を出しつづけることが可能になる。

バスケットボール選手がフリースローを投げるところを想像してほしい。

最初に、選手は「ゾーン」に入る。フリースローライン上の完璧なポイントを見つけ、2回、3回、ボールをバウンドさせる。集中を高めるための儀式だ。選手の頭の中が完全にクリアになっていくのが見てとれる。あらゆる感情が遠のき、観衆のノイズがミュートされる。これが**エフォートレスな精神**だ。

第2に、選手は膝を曲げ、肘を正しい角度にセットすると、最小限の動きでボールを手放す。この段階で、選手は頭を使っていない。体の奥深くに染み込むまで練習しているからだ。力を入れず、ただ流れにまかせて実行する。これが**エフォートレスな行動**だ。

第3に、ボールがきれいな弧を描いて宙を飛ぶ。ヒュッと軽い音がして、ネットにボールが吸い込まれる。完璧なシュートだ。まぐれではない。プロの選手は、何度でも同じように正確なフリースローを再現することができる。これが**エフォートレスのしくみ化**だ。

■エフォートレスな精神

頭に余計なものが詰まっていると、何をするのも難しくなる。

疲労は動きを鈍くする。古くなった考えや感情を溜め込んでいると、新しい情報が入ってこない。日々のさまざまな雑念に振りまわされていると、本当に大事なものが見えなくなる。

だから最初のステップは、頭と心の中のガラクタを取り除き、スペースをつくることだ。

最高のコンディションだったときのことを思いだしてみよう。

心身ともによく休めていて、心配ごとがなく、集中できる状態だ。余計なことを考えず、クリアな意識で「今、ここ」だけを見ている。

大事なことを見極め、正しい行動をとることができる。

本書のＰＡＲＴ１では、エフォートレスな精神を手に入れるための、実践的な方法を紹介する。

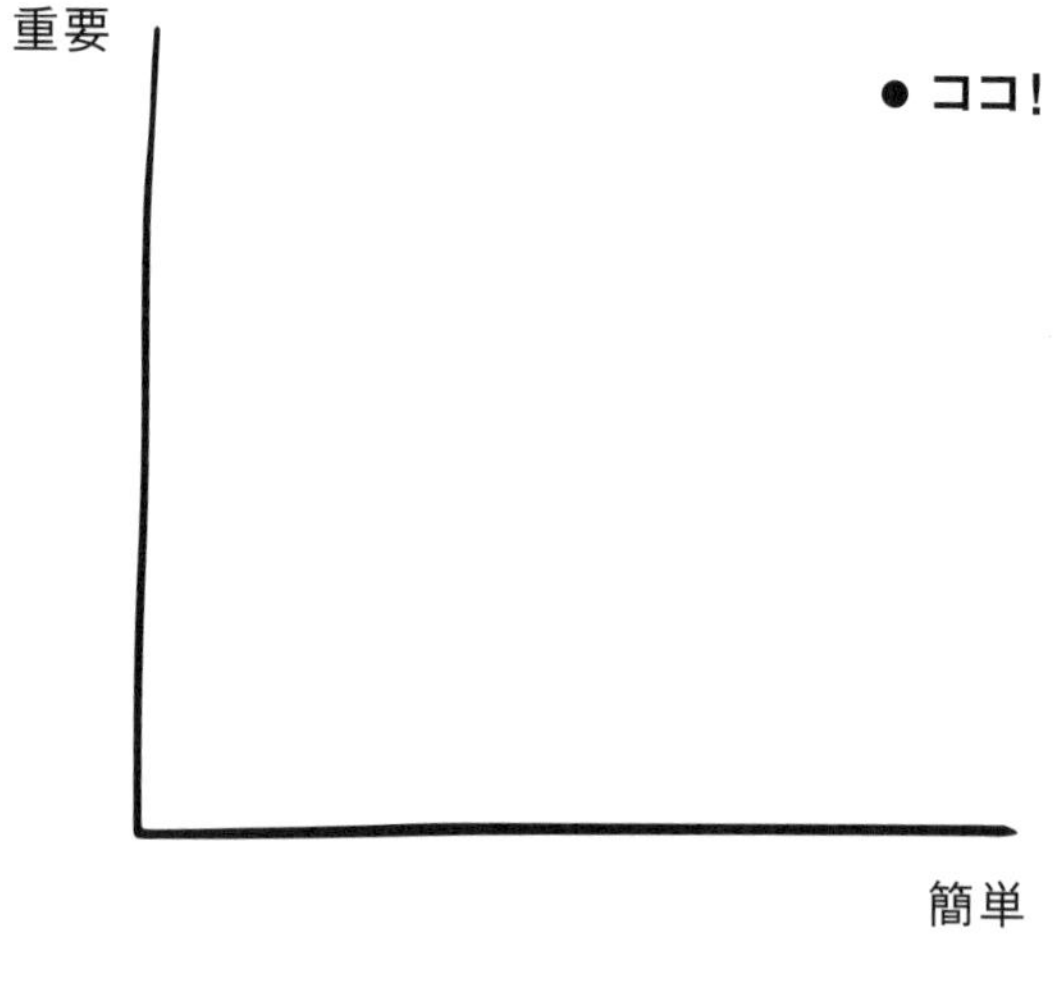

■エフォートレスな行動

エフォートレスな精神を手に入れたら、エフォートレスな行動まではあと少しだ。ただし、障壁がないわけではない。

完璧主義や自信のなさは、大事なことに取りかかるのを遅らせ、正しいタイミングで終わらせることを難しくする。必要以上に仕事を増やしたり、無理なスケジュールを立ててしまい、正しいペースをつかめなくなる。

本書のPART2では、やるべきことをなるべくシンプルに、簡単にやり遂げる方法を紹介する。

■エフォートレスのしくみ化

エフォートレスな行動を身につけたら、望んだ成果を上げることは難しくない。

ただし、成果には2つのタイプがある。直線的な成果と、累積的な成果だ。

ひとつの努力がひとつの結果を生むとき、それを直線的な成果と呼ぶ。毎朝ゼロから始まり、決まった量の努力をしなければ、今日の成果が出せない。努力と成果の比率は1対1。つまり、努力した量と同じ量の成果しか得られないということだ。

だが、もしも成果が何度も繰り返しやってきたらどうだろう?

累積的な成果の場合、一度努力するだけで、あとは何もしなくても自動で成果がついて

エフォートレスのモデル

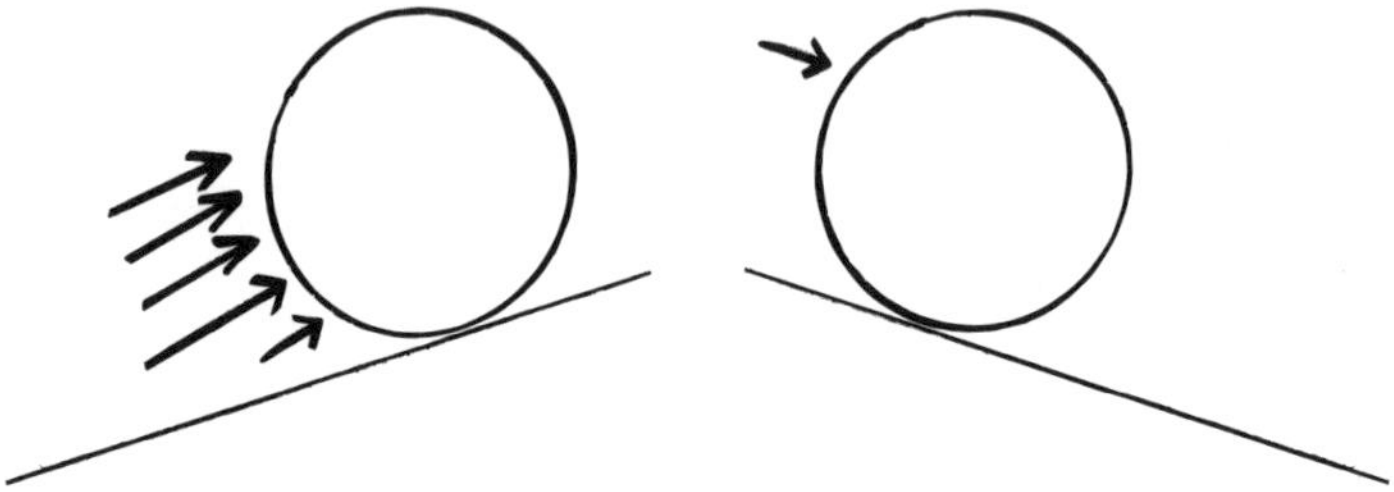

	頑張る	エフォートレス
精神	大事なことをやるのは死ぬほど大変だ	大事なことをやるのはいちばん簡単だ
行動	頑張りすぎる。難しく考える。複雑化する。やりすぎる	簡単なやり方を探す
成果	疲れるばかりで成果が出ない	余裕で正しい成果が出せる

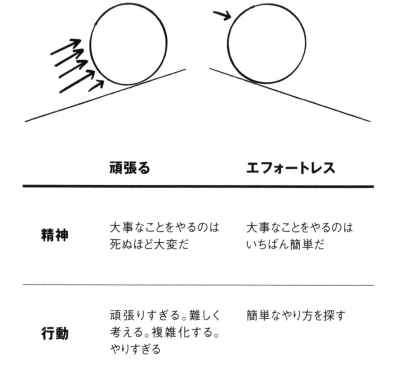

くる。休んでいても、寝ていても、勝手に成果が積み重なる。

エフォートレスな行動だけでも成果は出せるが、それは直線的な成果にすぎない。その上にエフォートレスなしくみを設計すれば、レバレッジを効かせて、利息が積み重なるように成果を増やすことが可能になる。

成果を上げるのはいいことだ。余裕で成果を上げるのは、もっといいことだ。さらに、余裕で出した成果が勝手に増えるなら、それに越したことはない。

本書のＰＡＲＴ３では、そのための方法を紹介する。

いちばん大事なことを、いちばん簡単にする

エフォートレスな生き方を見つけるのは、フライフィッシングをするときに偏光サングラスをかけるようなものだ。サングラスなしでは、水面に反射する光がまぶしくて、水中の様子がうまく見えない。だが偏光サングラスをかければ、乱反射をカットしてまぶしさを抑え、水中の魚の動きをすんなりと捉えることができる。[4]
根性で成果を出そうとするのは、水面の乱反射をまともに見ながら釣りをしようとするようなものだ。一方、エフォートレスなやり方を身につければ、急に視界がクリアになり、正しいやり方が見えてくる。

あなたにもきっと覚えがあるはずだ。たとえば――

リラックスしている状態で、気づいたらゾーンに入っていた。

頑張りを少し減らしてみたら、以前よりもよい結果が出せた。

ちょっとした自動化のしくみをつくったら、そのあと何度も役立った。

本書の目的は、ただひとつ。エフォートレスな状態を、もっと頻繁に、もっと確実に体験してもらうことだ。

もちろん、人生のすべてがエフォートレスになるわけではない。それでも、以前は不可能に思えたことがいくつも可能になり、だんだん簡単になり、やがてエフォートレスになれば、人生に大きな余裕ができるはずだ。

本書を書くにあたり、さまざまな専門家の意見を聞き、論文を読み、行動経済学や心理学、哲学、物理学、脳科学などの知見を参考にした。「いちばん大事なことをいちばん簡単にやるにはどうするか?」という問いに答えるため、最善の努力を注いだ。

読者のみなさんにもぜひ、その成果を味わっていただければと思う。

作家ジョージ・エリオットも、こう言っている。

「おたがいの人生を楽にするのでなければ、わたしたちはなんのために生きているというのでしょう?[5]」

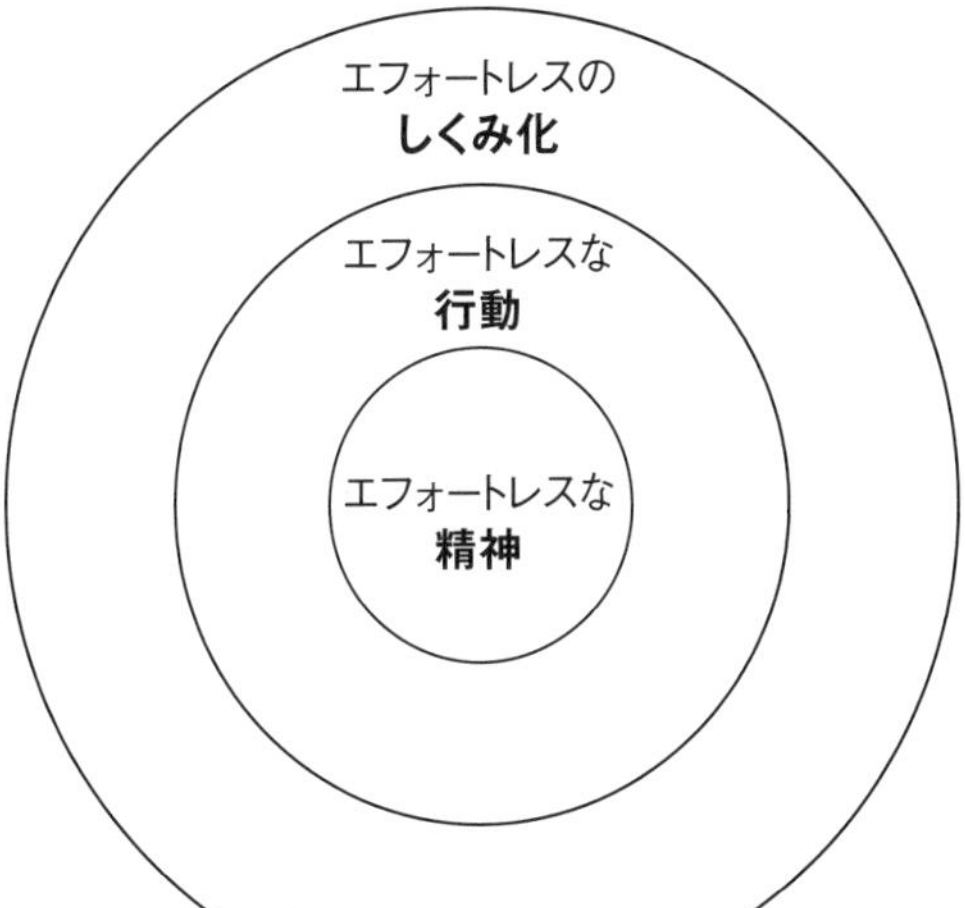

PART 1

エフォートレスな精神

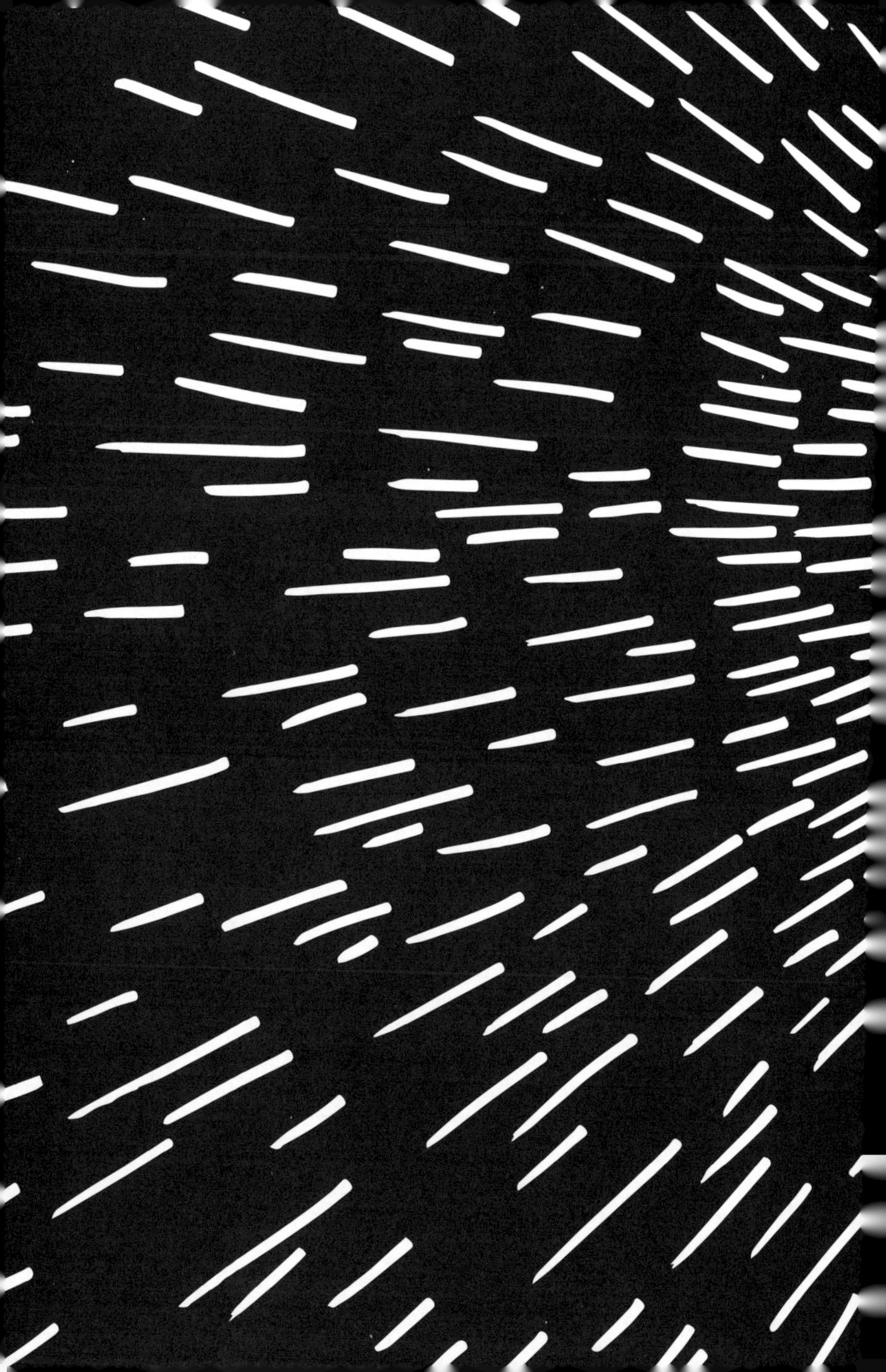

史上最高にフリースローがうまいバスケットボール選手は、マイケル・ジョーダンでもなければ、ステフィン・カリーでもない。WNBA（アメリカの女子プロバスケットボールリーグ）のスター選手、エレーナ・デレ・ダンだ。[1]キャリア通算のフリースロー成功率は93・4％。WNBAだけでなく、NBAの歴史を見てもこれほどの数字を出した選手はいない。ポストシーズンの成績も含めれば、成功率は実に96・4％になる。とんでもない実力だ。

成功の秘密は、子どもの頃に学んだシンプルな方法を貫いていることだ。フリースローラインの前に立ち、右足を真ん中のポイントに置き、左足をそれに合わせる。ちょうど3回ボールをバウンドさせる。直角に曲げた腕をすっと伸ばし、手首をスナップさせてボールを手放す。

「シンプルにやれば、間違えることはありません」とダンは言う。「何より大事なのは、考えすぎないこと。フリースローのいちばんの敵は、ごちゃごちゃ考えてしまうことなんです」

言い換えれば、ダンの成功の秘訣は、エフォートレスな精神だ。

人の脳は、処理能力が非常に高いスーパーコンピューターに似ている。すばやく学習し、直感的に問題を解決し、次にとるべき行動をパッと計算できる。[2]

最適な環境のもとでなら、あなたの脳は超高速に機能する。しかしスーパーコンピューターと同じく、環境によっては処理が遅くなることもある。

ハードドライブに余計なファイルや履歴が詰まっていると、コンピューターの処理は邪魔される。計算能力が失われるわけではないが、パフォーマンスは落ちる。

同様に、頭の中に不要な考えや、ネガティブな感情や、ダメな思考パターンが詰まっていると、あなたの思考は妨げられ、最高のパフォーマンスが出せなくなる。

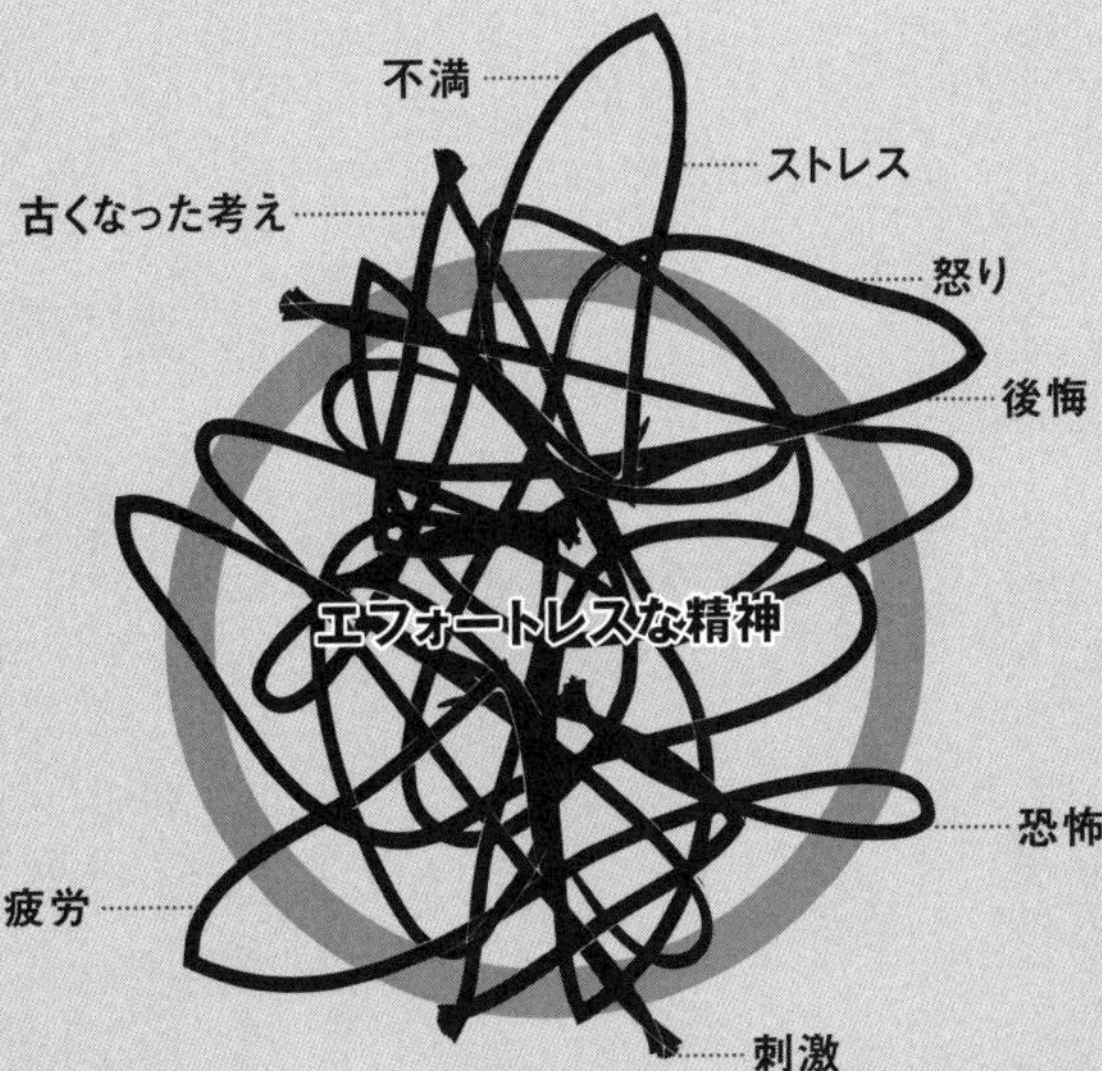

なぜそうなるのか？

認知心理学に「知覚的負荷」という概念がある。[3]

人の脳は非常に高性能だが、それでもやはり限界がある。脳は普段から、1日に6000種類ほどの思考を処理している。[4]そこに新しい情報が入ってくると、どのように知覚のリソースを振り分けるかを判断しなくてはならない。

その際、脳は恐怖や怒りといった「感情価」の高いものごとを優先するようにできている。[5]だから強い感情が渦巻いていると、脳はそちらにリソースをとられて、本当に大事なことをやる余裕がなくなってしまうのだ。

エフォートレスな精神

コンピューターが重くなったら、不要なファイルやブラウジング履歴を削除すればいい。そうすればマシンは軽くなり、スムーズに動きだす。

同様に、脳の動きが遅くなっているなら、頭の中に溜まった不要な情報を取り除いてやればいい。ちょっとしたテクニックで、無駄のないエフォートレスな精神を取り戻すことができる。

仕事が忙しく、疲れきって帰宅したときのことを思いだしてほしい。

頭が重く、何も考えられない。携帯電話や鍵をどこに置いたのかも思いだせない。ちょっとした用事を頼まれるだけでイライラする。上司からのフィードバックが、すべて悪口に聞こえる。家族の言動がいちいち気に障り、疲れているんだと説明することさえ億劫になる。いったいどうして、何もかもこんなに大変なんだ？

ところが、しっかり食事をとり、熱いシャワーを浴びて、一晩ぐっすり眠ると、世界ががらりと変わって見える。頭はすっきりして、やる気に満ちている。

携帯電話も鍵もすぐに見つかるし、頼まれごとは簡単にこなせる。「昨日は悪かったね、疲れていたんだ」と家族に謝れる。上司からのフィードバックも真摯に受け止められる。処理能力が、あるべきレベルに回復したからだ。

エフォートレスな精神を取り戻せば、身軽になれる。頭がすっきりして、気持ちも軽くなる。なんだかエネルギーがみなぎってくる気分だ。

それだけではない。頭と心が軽くなれば、視界が一気にクリアになる。やるべきことがはっきりして、すぐにそちらへ踏みだせる。

エフォートレスな精神は、心身の重荷がなく、頭がすっきりした状態だ。

余計な考えにとらわれず、今この瞬間に集中できる。

そして今やるべきことを、余裕でこなせるようになる。

第 1 章

INVERT《転回》

頑張れば成果が出るとはかぎらない

「午前4時に資料づくり……。いったい自分は何をやってるんだろう？」

キム・ジェンキンスは優先順位を大事にし、重要な仕事をきちんとやり遂げる人だった。[1] ところが最近、そうも言っていられなくなってきた。勤務先の大学が運営方針を変更し、職場が大きく混乱していたのだ。仕事の流れが煩雑化し、コンプライアンスが厳格化して事務仕事が増えた。何をするにも面倒な手続きが必要で、余計な時間と労力を取られる。上の人間は仕事を増やすばかりで、減らすことを知らなかった。それまではシンプルだった仕事が、ありえないほど複雑になっていた。

今までと同じ量の業務をこなすのは、ほぼ不可能だった。そうでなくても、キムは自分に厳しいタイプだ。

「持てる力をすべて注ぎ込み、やれるだけのことをやらないと、自分が許せないと感じていたんです」

そんなある日、唐突に思った。

すべてがこんなに大変である必要はないのではないか？

「このやり方では無理だと気づいたんです。不必要な業務が積み重なり、膨れ上がっていました。押しつぶされて窒息しそうでした」

やり方を変えなくては、とキムは思った。仕事が大変すぎると感じたら、こう自分にたずねることにした。

「もっと簡単なやり方はないだろうか？」

試してみる機会は、すぐにやってきた。キムの率いる動画作成チームが、一学期分の講義を動画で記録するように頼まれたのだ。

以前なら、最高の動画をつくるために全力で取り組むところだった。BGMをつけ、イントロとエンディングを作成し、見栄えのいいグラフィックを付け加える。でも今回は違った。どうすれば苦労せずに、求められる成果を出せるだろうかと考えた。

教授と話してみたところ、この動画はただ一人の学生のためにつくるものであることがわかった。スポーツの試合で授業に出られないことが多く、動画でキャッチアップしたいという。講義の内容さえ把握できれば、演出は何もいらない。

それを聞いてキムは考えた。

「それなら私たちがやらなくても、講義を受けている学生にスマホで録画するよう頼んでみたらいいのでは？」

教授はその提案を喜んで受け入れてくれた。チームで何カ月もかけて取り組む代わりに、数分の会話で見事、問題が解決したのだ。

苦労は本当によいことなのか

私たちは大事な仕事に持てる時間とエネルギーのすべてを注ぎ込み、時には心の健康さえも犠牲にする。まるで自己犠牲にこそ価値があると言わんばかりだ。

重要な仕事は困難で、簡単な仕事は取るに足りないものだと、多くの人が思い込んでいる。「血、汗、涙」[2]をしぼって働くのが価値のあることだとされ、「苦労して勝ちとった」勝利こそが尊いといわれる。

「大変だがやりがいのある」仕事に価値が置かれ、「楽して儲ける」のは悪いことのように扱われる。

こうした思い込みは根深く、もしもそれを疑ったりしたら、気まずい思いをすることになる。いや、ほとんどの人が、苦労の価値を疑おうとしたことさえないのではないだろうか。

だが、あえて問いたい。

大事な仕事をやり遂げられない最大の理由は、まさに困難だからではないのか。そして何かが困難だと感じるのは、もっと簡単なやり方を見つけていないからではないか？

最小努力の法則

人の脳は、困難なことを避けて、簡単なことを好むようにできている。

認知容易性のバイアス、[3] あるいは最小努力の法則と呼ばれるものだ。何かがほしいとき、人はもっとも苦労の少ないやり方でそれを得ようとする。

日常生活でも、思いあたることがあるはずだ。

たとえば、遠くの安売りスーパーへわざわざ行くのが面倒だから、目の前のコンビニで割高な商品を買う。食器をすぐに洗うのが面倒で、シンクに山積みにしてしまう。子どもが食事中にスマホを触っていても、注意するのが面倒でつい見過ごしてしまう。ネットで見かけた情報をすぐに信じて、わざわざ情報元を確認したり詳しい情報を調べたりしない。

これらは、とても自然なことだ。

進化的な観点から見れば、こうしたバイアスは有利に働く。最小努力の法則は、人の生存に不可欠なバイアスなのだ。

もしも人の脳が、難しいことを好むようにできていたら、種の生存は難しかっただろう。「どうすればもっとも困難に食べ物を手に入れられるか？」と考えていたら、十分な食べ物を手に入れることはできない。「いちばん難しいやり方で家をつくろう」と考えていたら、家が完成する前に厳しい自然にやられてしまう。

もっとも少ない努力で成果を出そうとする傾向が、ヒトという種の生存を可能にしてきたのだ。

こうした自然の傾向にあらがうのをやめて、それを強みに変えてみたらどうだろう？「困難な仕事をなんとしてもやり遂げてみせるぞ」と意気込む代わりに、「どうやったらこの仕事がもっと楽になるか？」と考えてみるのだ。

頑張らないことを選ぶのは、居心地が悪いかもしれない。手抜きしているようで、気まずく感じるかもしれない。全力で頑張ることに慣れすぎているからだ。

頑張ることがよいことだという価値観は、無意識のレベルで私たちの心に刷り込まれている。楽をするのが後ろめたく感じるほどに、努力の価値は過大評価されている。

頑張りすぎは失敗のもと

コンサルタントのキャリアが軌道に乗ろうとしていた頃、私はある重要なクライアントから、リーダーシップに関するプレゼンテーションを3つやってほしいと頼まれた。

プレゼンが全部うまくいけば、来年以降の契約は確実だという。なんとしてもプレゼンを成功させて、契約を手に入れたかった。すぐにプレゼン資料を用意し、先方の承認を取りつけた。

最初のプレゼンテーションの前日、スライドを見直していた私は、内容に手を加えたくなった。すでに完成はしていたのだが、もっといいものができる気がしたのだ。

私は自分のアイデアに夢中だった。顧客をあっと言わせようと、一から資料をつくり直した。徹夜でスライドを修正し、配布資料をつくり直し、シナリオを書き換えた。もちろん、詳しく検証する暇はなかった。

ひどい寝不足のまま、顧客のオフィスに向かった。ぐったりと疲れきっていた。頭から煙が出そうだった。

プレゼンを開始したとたん、これはまずいと思った。イントロの話は聴衆に響かなかった。スライドは頭に入っておらず、何度も振り返って内容を確認しなくてはならない。話の内容とスライドの表示がまったく合っていないところもあった。

大失敗だった。ほとんどパニックになりながら部屋を出た。最高のチャンスを与えられたのに、台無しにしてしまったのだ。

残りの2つのプレゼンテーションは、顧客側からキャンセルされた。もちろん契約は白紙になった。

あのときのことを思いだすと、今でも顔を覆いたくなる。最悪の失敗だ。

いま振り返ってみれば、何が間違っていたのかは明白だ。

成果を焦るあまりに、考えすぎた。そして、頑張りすぎたのだ。その結果、目の前にあったはずの成功を、ぶち壊してしまった。

この経験から得た教訓――頑張りすぎは、失敗のもとだ。

考えてみれば、子どもの頃からそうだった。努力が足りなくて失敗したことはほとんどない。いつだって、頑張りすぎて失敗していたのだ。

「頑張らなくてはダメだ」という信念が、私たちの社会には蔓延している。その結果、本来ならもっと簡単にできるはずのことが、どんどん困難になっている。

考え方を180度逆転させる

19世紀ドイツの数学者カール・グスタフ・ヤコビは、難解な問題を解くことのできる天才だった。彼はよくこう言っていた。もっとも簡単に問題を解決するコツは、「いつでも逆から考える」ことだ。[4]

最初に思いついたやり方を、ひっくり返してみる。後ろ向きにたどってみる。そして「もしも反対のことが正しかったらどうだろう?」と考えてみる。

そうやってものごとを逆転させると、うっかり見落としていた前提に気づきやすくなる。複数の視点から見られるからだ。逆からたどることで、思考の弱点がクリアになる。そして、新たなやり方に心が開かれる。

努力と根性でなんとかしようというのは、ひとつの考え方にすぎない。ところが多くの人は、それが唯一のやり方だと思い込んでいる。ほかのやり方を探ろうとしないまま、限界を超えて頑張りつづける。力ずくでやることに慣れてしまっているからだ。

エフォートレス思考は、問題に対するアプローチを180度逆転させる。

それは「どうすればもっと楽になるだろう?」と考えるアプローチだ。努力と根性で突き進むのではなく、心を落ち着けて、集中した状態で問題を解決する。そうすれば、より少ない努力で成果を出せる。

大事なことをやり遂げるためには、2つの道がある。

1　人の限界を超えて働き、力ずくで不可能を可能にする

2　もっといいやり方を探し、余裕で成果を出す

どうせなら、疲れ果てて体を壊すよりも、余裕で楽しく成果を出せたほうがいい。

たとえば先日、オフィスの掃除をしていて、使っていない古いプリンターが目についた。以前から邪魔に思っていたが、処分するのも面倒で、そのままになっていたのだ。ゴミに出すには大きすぎるし、業者に引き取ってもらうなら検索して日程など調整しなくてはならない。その手間を考えるとやる気が失せて、そのまま放置してしまうのだった。

だが、その日、私はふと考えた。

「どうすれば簡単に処分できるだろう？」

本当はそんなに頑張らなくても処分できるのではないか。ふと窓の外に目をやると、工事現場の作業員が歩いているのが見えた。そこで彼に声をかけ、無料でプリンターがほしくないかと聞いてみた。

「無料ならぜひほしい」と彼は言い、その場でプリンターを引き取っていった。たった2分で、問題は解決された。

難しいのは問題そのものではなく、私たちの考え方かもしれない。簡単にできることを、無駄に難しく考えてしまっていないだろうか。

「どうすれば簡単にできるだろう?」と考えて、頭をリセットする。

そうすれば、面倒な問題が驚くほどシンプルに片づくはずだ。

変化球で社会を動かした偉人

ウィリアム・ウィルバーフォースは、18世紀から19世紀にかけて、イギリスで奴隷貿易廃止運動を推し進めた人物だ[5]。

奴隷貿易が当たり前だった当時のイギリスにおいて、世論を覆して議会を動かすのは並大抵の仕事ではなかった。はじめのうち、彼は正攻法で奴隷制度の倫理的問題点を説き、奴隷貿易廃止法案をなんとか通過させようとした。

だが、努力はなかなか実を結ばなかった。どんなに頑張っても、議会の反対派に阻まれる。奴隷貿易を維持しようとする利権の力は強大だった。奴隷貿易の人道的問題点を理解してくれる人々はいたが、自ら犠牲を払ってまで行動しようとはしなかった。

障壁は高く、いくら攻めても崩れそうにない。

そんなある日、奴隷廃止運動の仲間であるジェームズ・スティーブンがよいアイデアを思いついた。真正面からシステムに立ち向かうのではなく、変化球で攻める作戦だ。

1805年、スティーブンは『偽の戦争：中立国旗の真相』というパンフレットを書き、当時対立関係にあったフランスに向けてイギリスが奴隷船を出している状況を非難した。[6]

奴隷船の多くは、中立国であるアメリカの国旗を隠れ蓑にして、イギリスからフランス植民地へと奴隷を運んでいた。これを禁止すれば、イギリスの奴隷貿易は実質的に廃止されたも同然だ。

論点を奴隷貿易から戦争へと移すことで、彼らは世論と議会を味方につけることに成功した。1807年には枢密院が、フランスに協力的な行動を禁止する命令を出した。[7] スティーブンの思惑通りだ。

わずか2カ月後にはイギリス領内の奴隷貿易が正式に禁止され、奴隷制度と人種差別に対する戦いの大きな一歩となった。[8] 社会のシステムを変革するという困難な仕事であっても、アプローチを変えるだけで、ずっと簡単になることがあるのだ。

そのシステムは本当に必要なのか

現代の例でいえば、サウスウエスト航空が似たような戦略をとっている。

サウスウエスト航空は創業以来、コスト削減と着陸から離陸までの時間短縮をビジネスモデルの軸にしてきた。それを実現するうえで、紙の搭乗券は邪魔だった。ちょうど予約システムの電子化が普及しはじめた頃、同社は紙の搭乗券を廃止できないかと考えた。

そうすればコストが抑えられるし、印刷のために時間を取られなくてすむ。ただし、eチケットのシステムを構築するためには、初期費用として２００万ドルが必要だった。

紙の搭乗券の廃止はビジネス存続のためにぜひとも取りたい戦略だった。だが、ローコストキャリアである同社にとって、２００万ドルは大きすぎる出費だ。

いったいどうすべきか。経営陣は難しい判断を迫られた。

「会議室の空気は重く、誰もが頭を抱えていました」とサウスウエスト共同創業者のハーバート・ケレハーは語る[9]。

そのとき、一人がパッと顔を上げ、「他社のチケットに合わせる必要があるんですか？」と言った。「他社と同じシステムをつくらなくても、もっと安いやり方があるんじゃないですか？」

「そうだ、他社に合わせる必要なんかない」と別のマネジャーも賛同した。「うちがチケットだと認めれば、それがチケットなんだ。『これがチケットです』と書いて、普通の紙にただ印刷すればいいじゃないか」

サウスウエスト航空は、さっそくそれを実行に移した。なんの変哲もない普通の紙に、チケットの情報を印刷する。立派な機械など必要ない。システム構築に大金を払う必要もない。とてもシンプルに、安価に、問題は解決された。

前提を疑い、問題を別の角度から見てみれば、そこには驚くほど簡単な答えが隠れているかもしれない。

いちばん簡単な問題を見つける

「事業がうまくいかず苦戦しているなら、無理に頑張る必要はありません。もっと簡単にできるビジネスがないか、探してみたらどうですか？」

マーケティング論の第一人者セス・ゴーディンはそう語る。[10]

LinkedIn共同創業者のリード・ホフマンも、同様のことを述べている。

「ビジネス戦略でもっとも大事なのは、いちばんシンプルで、簡単で、価値のある問題を解決することです。実際、いちばん簡単な問題を見つけるのは戦略の要《かなめ》です」

大きな成功を手に入れるためには、すごい困難に立ち向かわねばならないのではないか。私たちはそう考えがちだ。だが、シンプルで簡単な問題にこそ、チャンスは隠れているかもしれない。

ハフポストの共同創設者アリアナ・ハフィントンも、以前は死ぬほど努力して結果を出す人間だった。[11]だが、頑張りすぎることをやめたとき、はじめて本当の成功を手に入れた。

「成功するために心身を酷使して働かなければならないというのは、私たちの社会の集団幻覚だと思います」と彼女は語る。

難易度を下げれば、力を入れなくても前に進む。

もちろん、苦労して手に入る成功もある。逆境に打ち勝って偉大な成果を上げた人々もいる。どんな困難にも負けず、努力を重ねて成功した人の話は、心を打つ。

だが、逆境のヒーローの話ばかりを見ていると、それ以外の道があることを忘れてしまいがちだ。

多大な犠牲を払って成功した人々と同じくらい、簡単に成功した人々もいる。ただ、苦労の少ない成功は、物語になりづらいだけなのだ。

たとえば、世界最強の投資家ウォーレン・バフェットは、投資の秘訣を「怠惰なくらい楽をすること」だと述べている[12]。

ものすごい困難に立ち向かう会社は、投資先として賢明ではない。有望な投資先は、シンプルに経営できて、長期的に競争

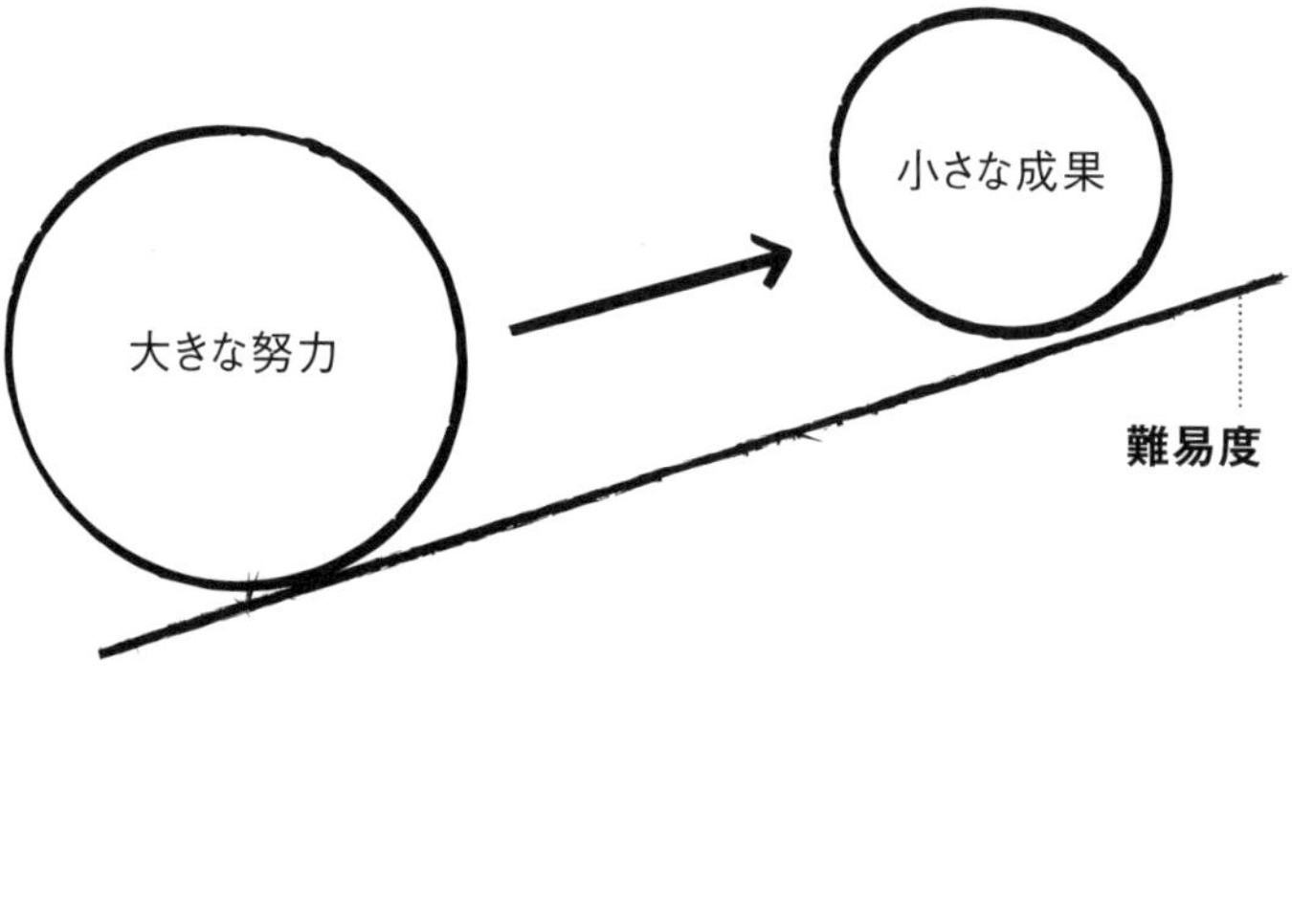

優位性のあるビジネスだ。

バフェット自身はこう表現する。

「7フィートのバーを飛び越えるつもりはない。1フィートのバーを簡単にまたいでいくほうがいい」


もしも日々が困難で、上り坂で大きな岩を押し上げているような気がするなら、いちど立ち止まってみたほうがいい。問題を逆から考えよう。

「成果を出すために、もっとも簡単なやり方はなんだろう?」


下のイラストを見てほしい。

難易度を下げれば、力を入れなくても、ものごとは前に進む。

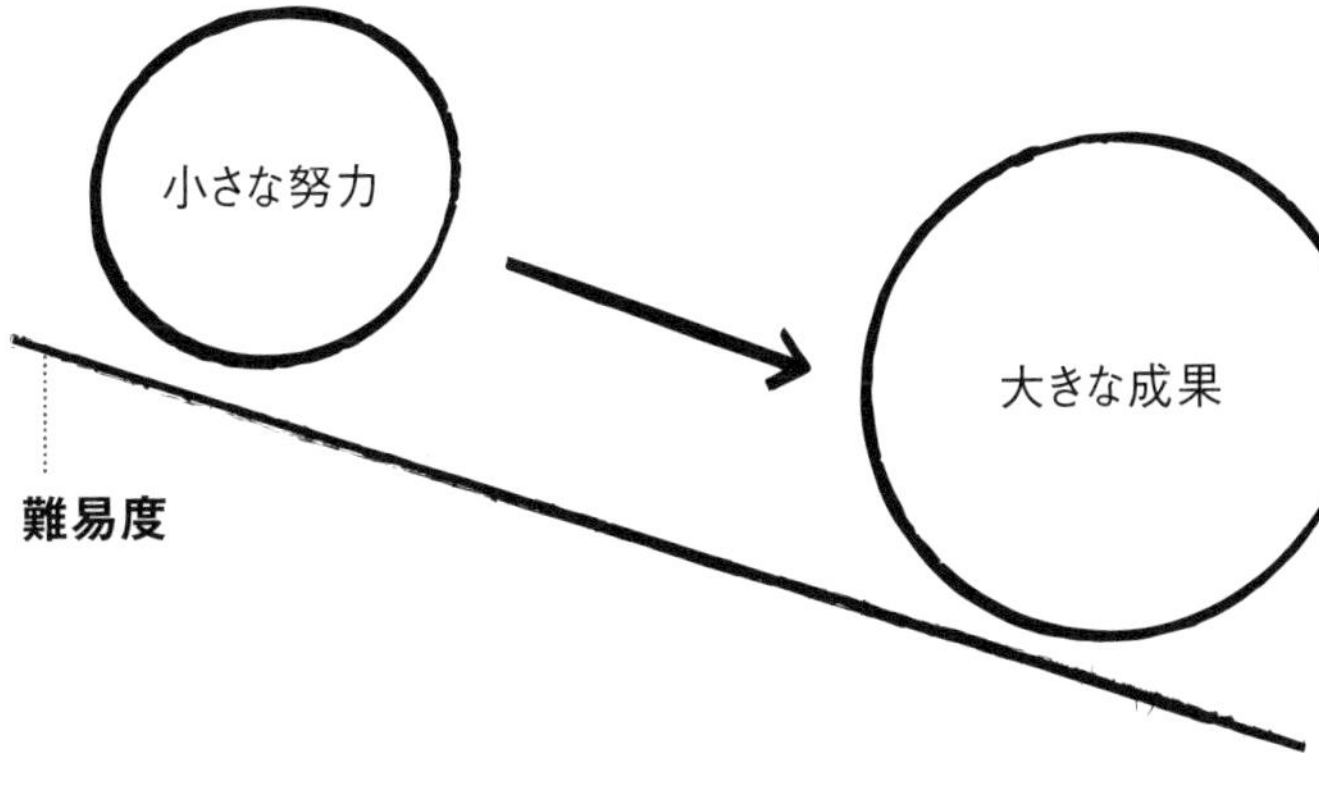

そしていったん動きだせば、勢いがついて動きはさらに加速する。
何もしなくても成果がついてくる状態だ。

「楽をするのは悪いことだ」という思い込みを捨てよう。
そうすれば、目の前に立ち込めていた霧が晴れる。
そして、エフォートレスに日々を生きることが可能になるはずだ。

第2章

ENJOY

遊《あそ》び《び》

「我慢」を「楽しい」に変える

1981年、イギリスの活動家ジェーン・チューソンは、スーダンの難民キャンプで脳マラリアとウイルス性肺炎にかかり、生死の境をさまよった。[1] 医師が死を宣告したとき、彼女は自分の体を上から見下ろしていた。それから意識が自分の体に戻っていき、彼女は蘇生した。この臨死体験は、彼女の生き方を変えた。

イギリスに戻ったチューソンは、難民キャンプに暮らす人々の窮状をなんとか改善したいと考えた。事態を動かすためには、多くの人を味方につける必要がある。だが、人々に関心を持ってもらい、さらにお金を出してもらうのは簡単なことではない。

善意はあるのだが、「今は余裕がなくて」お金が出せないという人がほとんどだ。[2] そんな人々に、どうか寄付をしてほしいと頼むのは、気持ちのいいものではない。頼むほうも頼まれるほうも、苦しい気持ちになる。

そんなある日、チューソンはあるアイデアを思いついた。嫌な思いをする代わりに「楽しくて、ワクワクできるような」やり方で寄付金を集めればいいのではないか。そうすればみんな楽しく参加できて、お金も集まりやすいのではないか?


彼女が考えたのは、人々が楽しめる催しと、困窮している人たちへの支援を、合体させることだった。たとえば、テレビでお笑いを見ながら慈善活動ができたらどうだろう。

このアイデアは「レッド・ノーズ・デイ(赤い鼻の日)」として結実した。[3] 多くのコメディアンや有名人が彼女の活動に賛同し、大物コメディアンのレニー・ヘンリーがイベントの顔をつとめることになった。

第1回のレッド・ノーズ・デイは大々的に注目を集め、視聴者数は3000万人を超えた。実に国民の半数以上が番組を見ていた計算だ。国中の人々がピエロの赤い付け鼻を買い、1日で1500万ポンドのお金が集まった。

レッド・ノーズ・デイは2年に一度の国民的イベントとして定着し、現在までに10億ポンドを超えるお金がアフリカやその他の地域の困窮する人々に送られている。[4]

寄付をするのは、大事なことだ。お笑いを見るのは、楽しいことだ。

寄付とお笑いをセットにすることで、チューソンは楽しく寄付ができるしくみをつくった。人々は毎年このイベントを心待ちにしている。

やる必要はないけれど、楽しくてついやってしまうことが誰にでもあるはずだ。

テレビを見たり、ポッドキャストを聴くこと。カラオケで歌ったり、好きな曲に合わせて踊ること。友達とゲームをすること。

一方、やらなくてはならないのに、やる気が出なくて先延ばしにしてしまうこともあるはずだ。

日々の運動、家計簿、皿洗い。メールやメッセージの返信。仕事の打ち合わせ。子どもを時間通りに起こすこと。それらはあまり楽しいものではない。

だが、工夫しだいで、楽しくすることは可能だ。

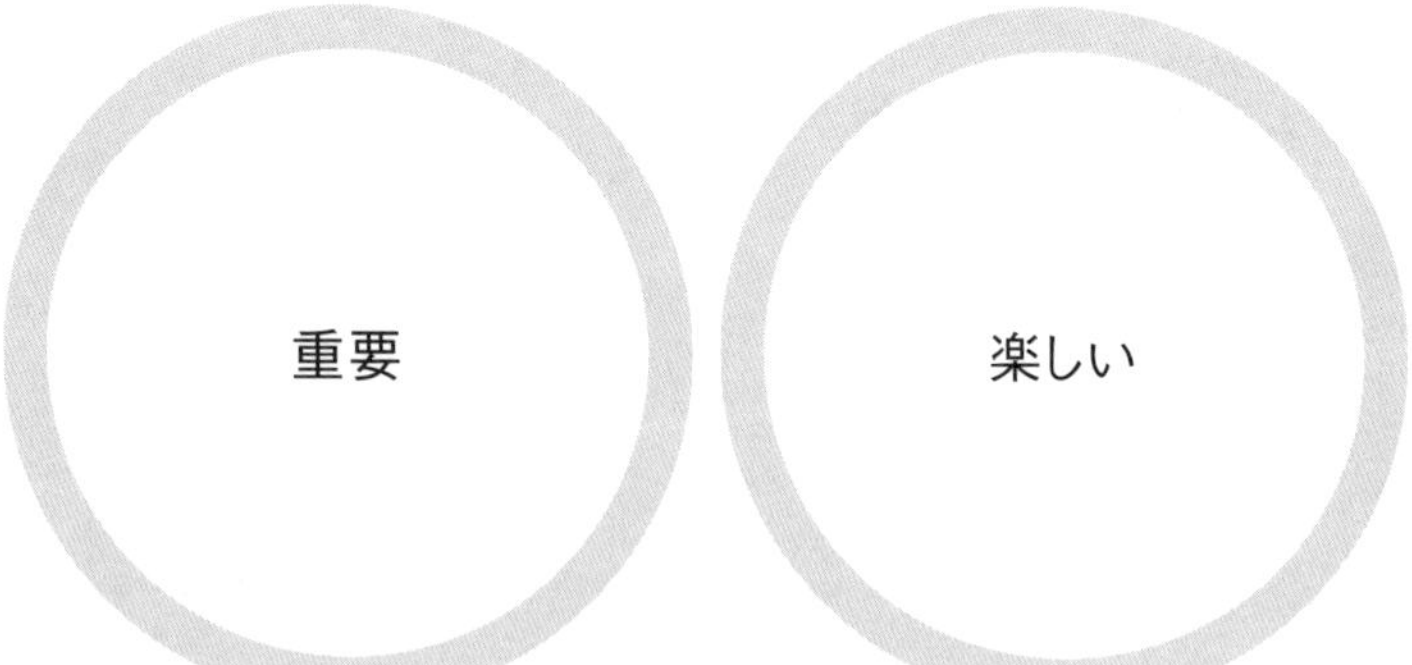

嫌なことを我慢するより、楽しくできるやり方を探したほうがいい。

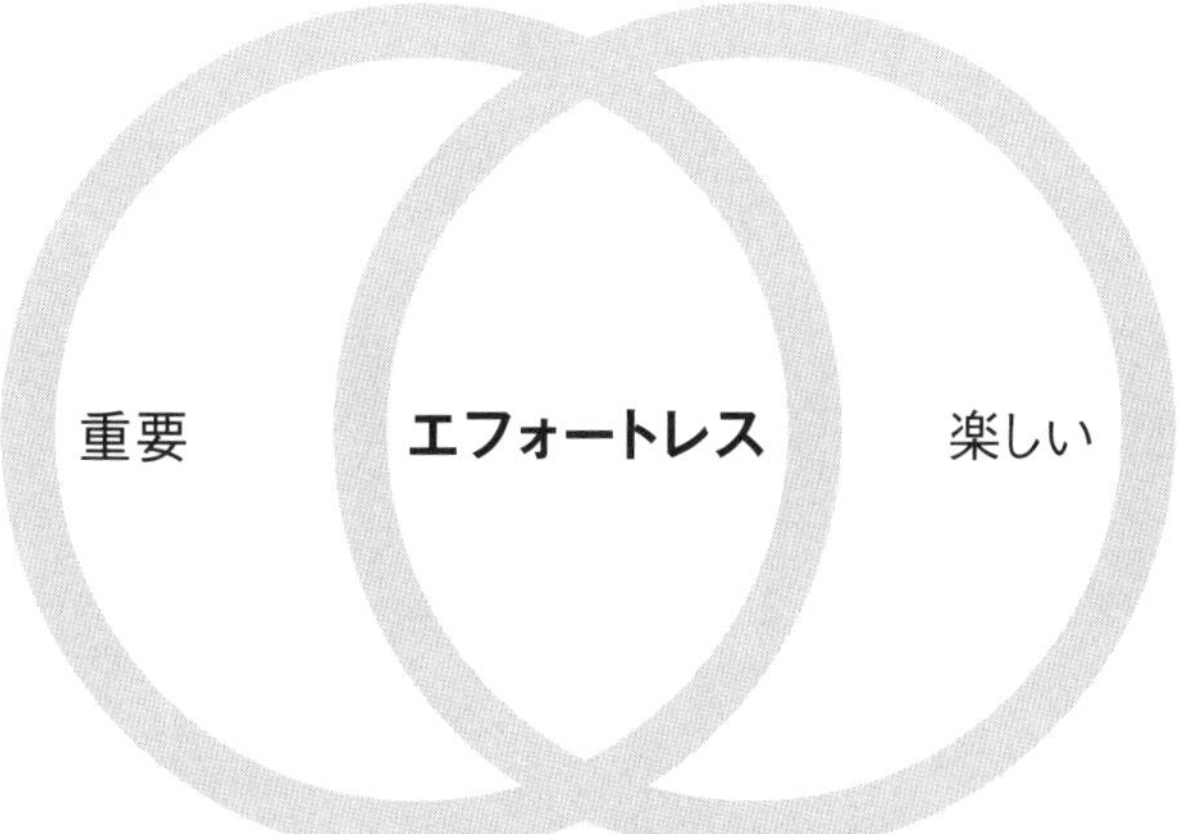

「仕事は仕事、遊びは遊び」とよく言われる。重要なことは苦痛であり、楽しいことは重要でない、と多くの人は思い込んでいる。だが、そのような考え方は、重要なことをやり遂げる邪魔にしかならない。

重要なことが楽しくないと考えるなら、それはどんどん後回しになり、実行されなくなるだろう。そして、重要な仕事をしていないという後ろめたさから、遊びを存分に楽しむことさえできなくなるだろう。

楽しいはずの遊びが、逆に心を重くする。[5]

仕事と遊びを分けるのは、健全な態度ではない。

我慢を美徳と考えることをやめれば、重要な仕事を、まるで遊びのように楽しむことが可能になる。嫌なことを我慢するより、楽しくできるやり方を探したほうがいい。

重要な仕事を楽しい活動に結びつければ、これまで気が重かったことも、エフォートレスに実行できるはずだ。

遅行指標を減らす

楽しくないことに私たちが取り組むのは、あとで結果が返ってくることを期待するからだ。ヘルシーな食事をして毎日欠かさず運動すれば、やがて痩せて健康になれる。読書を毎日すれば、知識が身について自分の強みになる。瞑想を習慣づければ、何事にも動じない精神が手に入る。

ただし、それらはすべて「遅行指標」だ。つまり行動した時点ではなく、何週間や何カ月、時には何年もあとになって結果が返ってくる。

だが、楽しみを後回しにする必要は必ずしもない。

行動と結果のタイムラグを減らせば、行動自体が楽しくなる。そのためのコツは、大事な行動に、わかりやすい報酬を結びつけることだ。

あるとき私は、1週間の出張を終えて家に帰り、大量の着信とボイスメールを前に頭を抱えていた。今から全員に電話をするのかと思うと、心が沈んだ。

「なんでこんなことしなくちゃならないんだ？」と苛立った。あまりにも疲れきっていて、人に連絡をするのが苦行としか感じられなかった。

だがそのとき、自分が間違った問いを口にしたことに気づいた。本当の問いは、こうだ。

「どうすれば楽しくみんなに連絡できるだろう？」

そして思いついたのが、ゆっくり風呂につかりながら電話をするというアイデアだ。

これは名案だった。すぐに気分がワクワクしてきた。バスタブに熱いお湯を張り、疲れを癒しながら、「いま風呂の中から電話しているんですよ」とみんなに言ってみた。相手も笑ってくれて、とてもなごやかな会話になった。すべての返信を終えたときには、ほとんど残念な気分だった。こんなに楽しいなら、もっと電話したいくらいだ。

ユーモアあふれる講演で人気のロン・カルバーソンは、多方面に才能のある人で、苦手なことがほとんどなかった。[6]

ところがあるとき、困難に直面した。パインウッド・ダービーだ。

パインウッド・ダービーとは、木でつくったおもちゃの車でスピードを競うレースだ。ボーイスカウト連盟が主催する小学生向けの競技大会で、低年齢の子どもは親に手伝ってもらいながら木の自動車を完成させる。実質的には保護者同士の争いでもあり、インターネット上ではパインウッド・ダービーの必勝法が高額で売買されている。

カルバーソンの息子はまだ小さく、親の助けがどうしても必要だった。「いちばん速いクルマをつくって」と息子に頼まれて、断れるわけもない。問題は、工作がカルバーソンの苦手分野だったことだ。

息子を喜ばせようと、彼は一生懸命木を削り、なんとか動く車をつくりあげた。ところが、レースの結果は散々だった。ダントツの最下位だ。

それでも、息子はあきらめなかった。翌年のレースが近づくと、息子は「今度こそ速いクルマをつくって」とカルバーソンに頼んだ。気が重かったが、息子のためならやるしかない。全力で取り組み、結果はビリから2番目だった。

息子のがっかりした顔を見るのは辛かった。こんなイベントなどなければいいのにと、カルバーソンは内心うんざりしていた。

3回目のレースが近づいてきたとき、彼は別の戦略をとってみることにした。スピードで競う代わりに、デザインを追求することにしたのだ。息子もこれに賛成した。いちばん速い車ではなく、いちばん目立つ車をつくろう。

その方針を決めたとたん、車づくりはいっぺんに楽しくなった。

「スピードを出そうとしてもうまくいかなくて、本当に嫌になっていたんです。でもデザインで競うと決めてから、作業が楽しくなりました。自分の得意分野に集中し、クリエイティブなスキルを生かすことができたからです」

アイスクリームの箱を模した彼らの車は、その年のレースで注目の的になった。よくこんな車をつくったね、と口々に褒められた。ベストデザイン賞は惜しくも逃したが、そんなことはどうでもよかった。親子で車をつくるプロセスが十分に楽しかったからだ。

「難しいことに直面すると、我慢するしかないと思いがちですよね。でも本当は、そんなに苦労しなくてもいい。楽しくやればいいいんです」と彼は言う。

重要なことと楽しいことを結びつけるのは、とても強力な戦略だ。

楽しいことなら、放っておいてもやるものだ。好きなドラマを見たり、アーティストの新曲を聞いたり、お風呂でリラックスしたり。それらをたとえば、エクササイズや、洗い物や、業務連絡と組み合わせてみたらどうだろう。

なんだそんなことか、と思うかもしれない。だが自分の生活を振り返ってみてほしい。困難なことを嫌々ながらやることが、あまりに多いのではないだろうか？

私が出会ったある経営者は、ランニングマシンで走ることを日課にしていた。はじめのうちはサボってしまうことも多かったが、毎日つづけるために、大好きなポッドキャストを聴きながら走ることにした。そうすれば、走りながら好きなことができる。

これを習慣にしてから、彼はランニングの時間が楽しみで仕方ないという。運動の効果を辛抱強く待つのではなく、運動しながら楽しめる方法を見つけたのだ。

仕事も遊びも楽しくやる

我が家では毎晩、家族そろって夕食をとる。夕食は家族にとって大事な時間だ。乾杯をして雰囲気を盛り上げ、その日の達成を祝い合う。そして、今日も無事に過ごせたことに感謝する。

問題はそのあとだ。

夕食の後片づけの時間になると、子どもたちは驚くほどの速さで、音もなくそれぞれの部屋へと消えてしまう。まるで忍者だ。気づいたときには逃げられているので、わざわざ呼びに行き、片づけをするように言わなければならない。

これが一筋縄ではいかない。

「トイレ行きたい」「宿題が溜まってるから」などと言い逃れをする子どもたちを説得し、キッチンに連れ戻すのは至難の業だ。親も疲れるし子どもも疲れる。必要なことだとわかってはいるが、いい加減うんざりしてしまう。

そこで試してみたのが、夕食の片づけをゲームにすることだ。得点表をつくり、タスクを細かく分けて、タスクをひとつ達成するごとにポイントが加算されるようにした。さて、誰が勝つか競争だ。

ところが、何も起こらなかった。

夕食が終わると、子どもたちはやはり、忍者のように消えていた。私は頭を抱えた。

この苦境を救ってくれたのは、長女だった。彼女のアイデアは、ディズニーの名曲をかけて、歌いながら後片づけをすることだ。大音量で音楽をかけると、部屋はたちまちカラオケパーティーになった。

大成功だった。どんなに疲れていても、機嫌が悪くても、心地よいメロディーについ引き込まれてしまう。夕食後の我が家はにぎやかだ。『アナと雪の女王』のテーマソングを歌い、『ライオンキング』に合わせて踊り、『ムーラン』の挿入歌で笑っているうちに、お皿は片づき、テーブルはピカピカになり、床に落ちたゴミもきれいに掃き終わっている。恥ずかしがらずに、ぜひ試してみてほしい。BGMの効果は絶大だ。

楽しい活動のビルディング・ブロックを用意する

仕事と遊びは、共存できるだけではなく、たがいを引き立てることができる。仕事と遊びが合わさることで、創造性が刺激され、新たなアイデアや解決策が浮かんでくる。レゴの創業者オーレ・キアク・クリスチャンセンがいい例だ。もともと大工の仕事をしていたクリスチャンセンは、不況で仕事が激減し、空っぽの倉庫で頭を悩ませていた。そんなときに、ふとおもちゃをつくってみたのが、レゴ社の始まりだった[7]。LEGOという名前の由来は「leg godt」。「よく遊ぶ」という意味のデンマーク語だ。

やがて第二次世界大戦が起こると、おもちゃ業界は大打撃を受けた。だがクリスチャンセンはあきらめることなく、プラスチックを使った大量生産という、新たなイノベーションの可能性を追求した。そこから自由に組み合わせられるブロックという、レゴの基本が生まれた。

さらにクリスチャンセンと開発チームは、子どもたちをオフィスに招き、どのように遊ぶのかを観察した。実際の子どもたちの遊びにヒントを得て、建物や道路、自動車、人間などのパーツを完成させていった。

レゴブロックは世界中の子どもたちの心をつかみ、ビジネスは爆発的に成長した。現在でも、レゴ社のオフィスは遊び心と活気に満ちている。そうしたクリエイティブな文化が、ブロックだけでなくテーマパークやビデオゲームを生みだし、やがてLEGOムービーがつくられるまでになった。

2015年には、レゴ社は「世界でもっともパワフルなブランド」に選ばれている。[8]遊び心が成功につながる好例だ。

レゴブロックを組み合わせるように、重要な仕事と楽しい活動を組み合わせてみたらどうだろう。

我が家では楽しいことのビルディング・ブロックをつくり、いつでも使えるように用意している。たとえば「好きな曲を聴く」「アーモンド・チョコレートを食べる」「引き出しや食器棚を整理する（カオスを秩序に変えるのは大好きだ）」など。

こうやってリストをつくっておけば、その日の気分に合わせて、楽しいやり方を簡単につくりだせる。

妻のアンナと私は家計についてのミーティングを定期的に持とうとしていたが、気が重くてなかなか実現できなかった。家計管理の重要性はわかっていたが、成果よりも面倒くささのほうが先に立っていたのだ。

そこで、大好きなアーモンド・チョコレートをテーブルに並べ、マイケル・ブーブレの「ヒーリング・グッド」をBGMにして、義務ではなくデートのようなミーティングを開催することにした。

そうして取り組んでみると、家計を管理すること自体も、なんだか楽しくなってきた。カオスから秩序をつくりだすのは、自分の得意分野ではないか。あんなに嫌だったのが嘘のようだ。

家計管理のミーティングは気の重い業務ではなく、なくてはならない儀式《リチュアル》になった。

習慣は「何を」やるか、儀式は「どのように」やるか

習慣について書いた書籍は多いが、儀式について論じる書籍は少ない。

「XをやったらYをやる」という習慣づけが儀式と呼ばれることも多いが、行動経済学に

よると、習慣と儀式は大事な点において異なる。[9] それは、行動したときに満足を感じられるかどうか、という点だ。

言い換えれば、習慣は「何を」やるかを問題にし、儀式は「どのように」やるかを問題にするのだ。


儀式は行動に意味を与える。近藤麻理恵の片づけの魔法を思いだしてほしい。

世界中で大人気のこんまりメソッドは、単に不用品を捨てる行動とは一線を画している。近藤の片づけは儀式だ。感性を駆使してときめきを感じ、家に挨拶をし、役目を終えた服に今までありがとうと感謝する。

「洋服をたたむ。それはたんに収納するために服を小さく折り曲げる作業だけをさすのではありません」と近藤は言う。「いつでも自分を支えてくれている洋服をいたわり、愛情を示す行為なのだと思います。だから、たたむときは、『いつも守ってくれてありがとう』と思いながら、心を込めてたたんであげるべきなのです[10]」

こんまりメソッドが「人生を変える」のは、部屋中に散らばっていた服が片づくからではない。片づけの儀式そのものが、あなたの人生の大事な一部になるからだ。


偉大な成果を残した人たちは、自分だけの儀式を持っている。

たとえばアガサ・クリスティーは、風呂の中でリンゴを食べながらミステリー小説を執筆した。[11] ベートーヴェンは毎朝コーヒー豆をひとつずつ数え、きっちり60粒挽いてコーヒーを淹《い》れた。[12]

古代ローマの時代には、日々のあらゆる側面が儀式化されていた。[13] 朝起きて髭を剃るのも、スピリチュアルな意味を持つ儀式だった。

一見どうでもいいことのように見えるかもしれない。だが儀式が人生の一部になるまで繰り返せば、儀式は心を落ち着け、不安をしずめ、エフォートレスな精神に立ち戻るための強力な道具となる。

儀式とは私たち一人ひとりの内面的な習慣であり、魂のこもった習慣なのだ。

儀式をうまく使えば、面倒なタスクは、ときめきに満ちた体験となる。

いつかやってくる満足を、ずっと心待ちにする必要はない。

楽しみはつねに、今このときにある。退屈なタスクにちょっとした遊びを加えるだけで、タスクそのものが楽しみに変わるのだ。

将来の満足のために我慢するよりも、一瞬一瞬を楽しい笑いで満たそう。

そうすれば、私たちはもっと自然に、エフォートレスに生きられる。

第3章

RELEASE《解放》

頭の中の不要品を手放す

私は鏡の前に立ち、ストームトルーパーのコスチュームに身を包んだ自分の姿を見つめていた。[1]

6歳の頃からの夢だった。「本物のストームトルーパーの装備が家にあったら、めちゃくちゃかっこよくない？」という兄の言葉が、大人になっても頭の片隅に引っかかっていた。当時スター・ウォーズのエピソード6『ジェダイの帰還』が公開されたばかりで、世の中のスター・ウォーズ熱はものすごいものだった。もちろん私も熱中していた。そのときの夢が、30年後に現実となったのだ。

頭からつま先までリアルなストームトルーパーの装備に包まれた自分の姿を見て、しかし私は、奇妙に空虚だった。

たしかに夢は叶った。

だが、私が感じたのは喜びではなく、ただ「荷を下ろした」という思いだった。

ストームトルーパーの装備は、一種のやることリストとして、頭に刻み込まれていたのだ。それはいつかやるべき課題として、脳のスペースをひそかに占有していた。

あなたの頭の中にも、そんな余計なアイテムがないだろうか。

古くなった目標や、こびりついて離れない考え。もう必要ないのに頭のリソースを消費している邪魔なもの。とっくに役に立たなくなったマインドセット。

ストームトルーパーは私にとって、そんな捨てるに捨てられない目標となっていた。

本当はそんなものは必要なかったのに。今の私にはもう、古びたものになっていたのに。

それからというもの、私が何か軽率な行動をしようとすると、妻のアンナは「それってストームトルーパーじゃない?」と言うようになった。


ストームトルーパーはさまざまな形をとって現れる。考えても仕方ない後悔、長年くすぶっている怒り、昔は役に立っていたとしても今では邪魔にしかならない望み。

それらはコンピューターのバックグラウンドで動作している不要なプログラムのように、脳の働きを邪魔し、遅くする。

はじめは無害に見えるかもしれない。だが小さなプログラムが積み重なると、脳の処理速度が落ちて、だんだん思うように動かなくなってくる。

人の名前が思いだせなくなり、読書していても同じ行を何度も読んでしまう。スーパーでの買い物のような些細な意思決定が、ひどく負担に感じる。ちょっとしたミスが頭を離れず、もう取り返しがつかない気分になる。

脳のスペースを空けて、本来の働きを取り戻すためには、邪魔なストームトルーパーを手放さなくてはならない。

不足思考から充足思考へ

フランスの作家モーパッサンの作品に「紐《ひも》」という短編がある[2]。

まじめな実業家がひょんなことから、無実の罪を着せられる。道ばたで紐を拾っただけなのに、誰かの財布を盗んだという噂が立ってしまったのだ。なんとか無実を証明しようとしたが、噂はとどまるところを知らず、誰もが彼を泥棒だと信じ込んでしまう。町中の人が彼から距離を置き、村八分の状態になる。

放っておけば、そのうちみんな忘れたかもしれない。噂が立つのは仕方のないことだし、気にせずいつも通りに過ごしていれば、人々も普通に接してくれるようになったかもしれない。

だが、彼はあきらめられなかった。意地でも真実を認めさせようと奮闘し、誰にも聞き入れられないせいで心身を病んでしまった。体はどんどん衰弱するが、彼はどうしても町の人が許せない。

死ぬ直前まで「紐だ。ただの紐だ」と、うわ言のようにつぶやいていた。

不運な出来事が起こったとき、それをあきらめて受け流すのは難しい。どうしても不満や怒りが湧いてくる。

不満を言うのは簡単だ。あまりに簡単なので、多くの人は不平不満を言うのが日常になっている。誰かが待ち合わせに遅れた、隣人がうるさい、急いでいるときに限って駐車スペースが空いていない。

不満をぶちまけるのは、一種の快感だ。

ソーシャルメディアを見れば、ありとあらゆる不満が並んでいる。みんなが攻撃的になっている。巻き込まれまいとしても、知らず知らずに影響を受けてしまう。

他人の愚痴を見るうちに、心が少しずつ蝕まれ、世の中の悪いところばかりが目につくようになる。

不満というストームトルーパーが、脳にどっかりと居座ってしまうのだ。

不平不満を口にするうちに、あるいは他人の不平不満を見聞きするうちに、どんどん不満が増えてきた経験はないだろうか。

一方、感謝しようと努めるうちに、感謝すべきことが以前よりたくさん見えてきた経験はないだろうか？

不平不満は、簡単で価値のないものごとの典型だ。

不満を言うだけなら誰にでもできる。そして不満に身をまかせるうちに、頭の中に無価値なゴミが溜まり、自由に使えるスペースがどんどん減っていく。

すると、エフォートレスの精神に立ち戻ることが難しくなる。


足りないものに目を向けると、今あるものが見えなくなる。

今あるものに目を向ければ、足りないものが手に入る。

不満ではなく、感謝に注意を向ければ、世界の見え方はがらりと変わる。

「不足思考」（後悔、妬み、将来への不安）がいっぺんに消え、「充足思考」（順調だ、恵まれている、将来が楽しみだ）へとシフトする。自分がすでに持っているリソースや資産やスキルを正しく評価し、存分に活用できるようになる。

次ページの図を見てほしい。

足りないものに目を向けると、足りないことばかりが増えていく。

逆に、すでにあるものに目を向ければ、心はどんどん満ち足りていく。

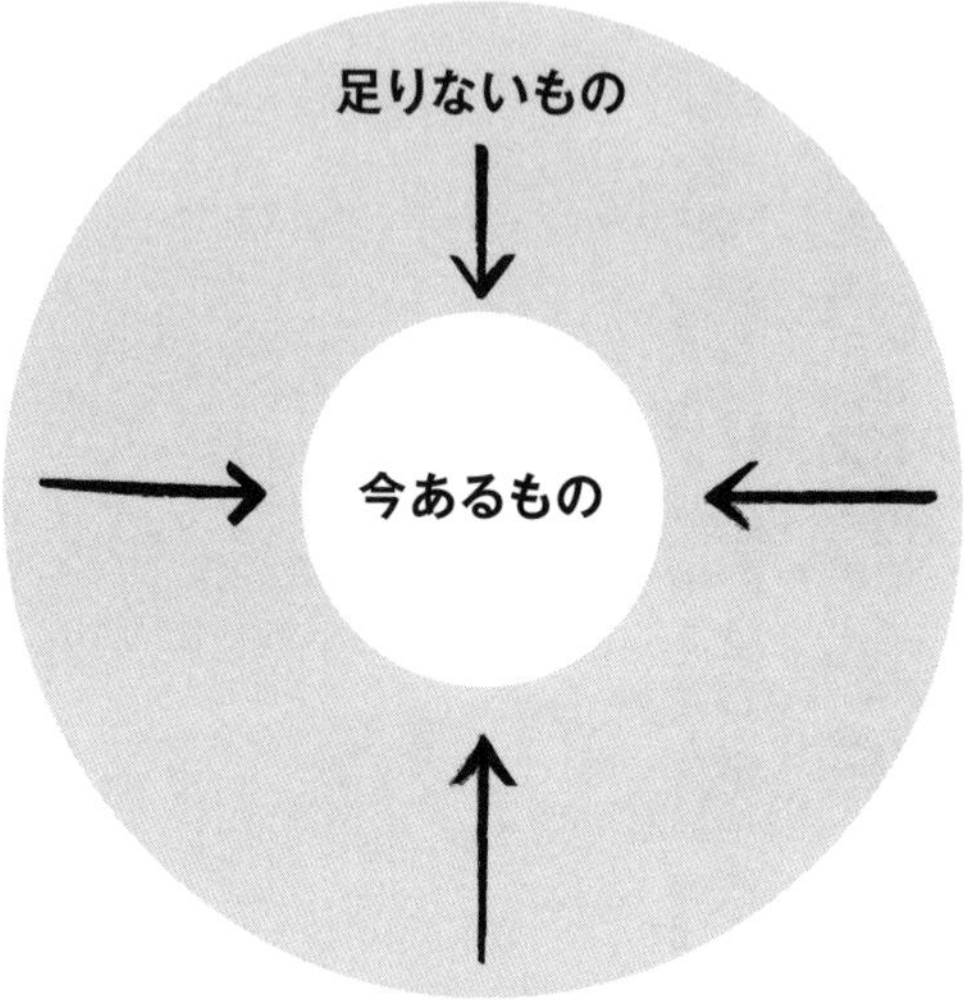
足りないもの
今あるもの

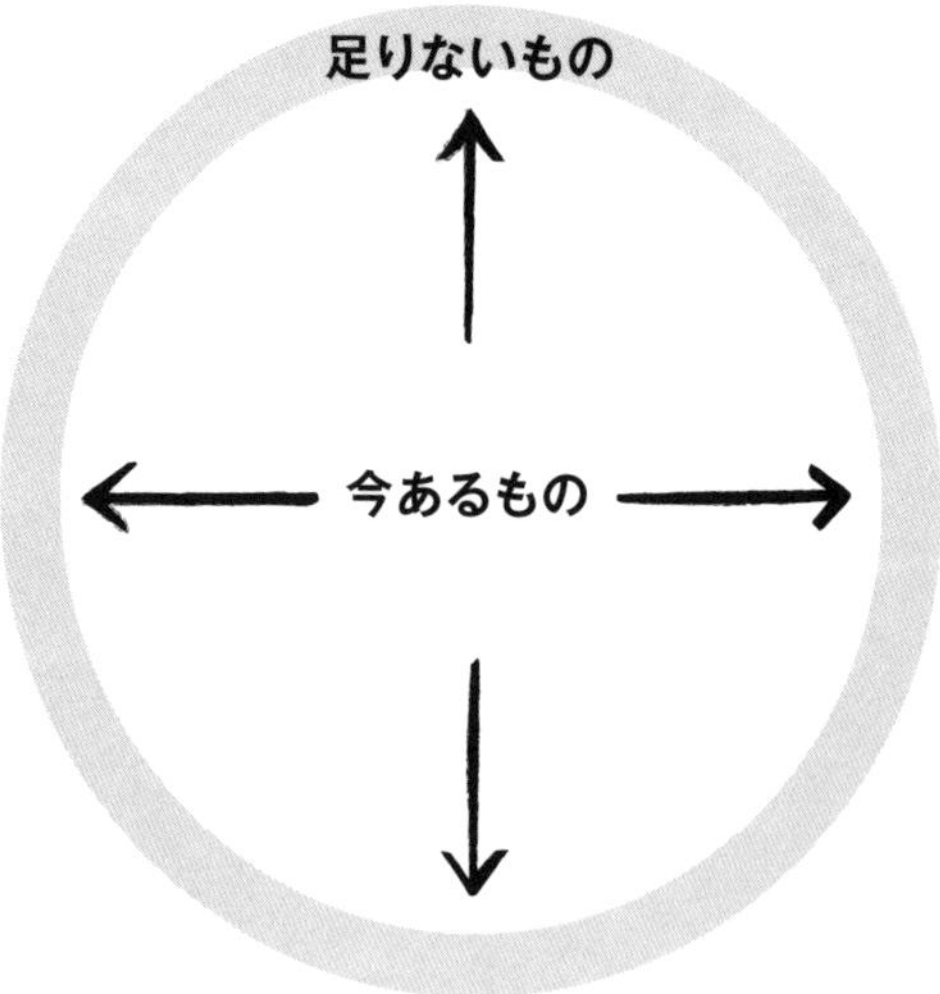
足りないもの
今あるもの

感謝は強力な触媒だ。感謝の心は、ネガティブな感情から力を奪う。そして、ポジティブな感情が広がりやすい環境をつくってくれる。

「拡張—形成理論」[3]という心理学の理論によれば、ポジティブな感情はよい影響をどんどん広げる性質がある。

ポジティブな気分が高まると、視野が広がり、新たな可能性に目を向けやすくなる。心が開放的になり、創造性が高まり、社会性が増す。

すると私たちの心身は成長し、知的にも肉体的にもより高いパフォーマンスが出せるようになる。「正のスパイラル」が生まれ、ものごとがうまくいく確率が高まる。

恩恵を受けるのは自分だけではない。

感謝の心は他者に向かい、周りの人たちの心を明るくする。心の重荷が軽くなり、新たな可能性が見えてくる。ポジティブなサイクルが、自分をも他人をも成長させるのだ。

一方、不平不満を溜め込むと、「負のスパイラル」が生まれる。

ものごとがうまくいくのではなく、どんどん困難になっていく。ネガティブな気分が高まると、視野が狭まり、新たなアイデアや他者に対して心を開くことができなくなる。心身が縮こまり、使えるリソースがどんどん少なくなる。

その結果、そもそも不満の原因だった状況を変える力さえなくなってしまう。そしてまた不満が増えていく。
このように、動きだしたら止まらない現象を、ジム・コリンズは、「弾み車の法則」と呼ぶ。[4]
「一度回転がつくと、それ以上力を入れなくても、弾み車はどんどん速く回りだす」とコリンズは言う。「2回転、4回転、8回転。弾み車に勢いがつく。16回転、32回転。どんどん動きが速くなる。1000回転、1万回転、10万回転。そして、ブレイクスルーがやってくる。もう止められない速さで、弾み車は勝手に回りつづける」[5]
要するに、ポジティブな態度はどんどんポジティブな効果を生む。最初の勢いさえつけてしまえば、成果を出すのはどんどん簡単になり、やがてはエフォートレスになるのだ。

不満と感謝の方程式

妻のアンナは以前、苦手な同僚と働いていたことがある。

その同僚は、いつもネガティブなことばかり言う人だった。口を開けば仕事の愚痴を言い、早く辞めたいと漏らす。アンナをそれとなく批判することもしばしばだった。

その同僚と働くのは、精神的にも肉体的にもきつかった。だが、その同僚のために仕事をあきらめたくはない。なんとかうまく対処し、できれば同僚との関係をポジティブに転換できないかと考えた。

　ネガティブな気分に引き込まれるのは簡単だ。家に帰って同僚の悪口を言うことだってできただろう。しかしそうする代わりに、アンナは同僚のいいところを見つける努力をした。


　はじめは、とても困難に思えた。だがじっくりと考えるうちに、同僚の嫌なところは、見方を変えればポジティブに解釈できることがわかった。

「前の仕事のほうがよかった」と同僚が言えば、それは前の仕事に対してポジティブな思いを持っているんだなと解釈した。

「この仕事はつまらない」と同僚が言えば、つまらなくても仕事をしてくれてありがたいと解釈した。

　同僚が他人を批判するときには、観察力の優れた知的な人だと解釈することにした。

　そういう態度でいるうちに、同僚のいいところがどんどん見えてきた。そこで、同僚の長所を褒めてみると、相手はすっかり驚いたようだった。いつもネガティブだから、褒められることに慣れていなかったのだ。

　ポジティブなフィードバックを受けとるうちに、同僚の気分は以前よりもポジティブになっていった。やがてその同僚とアンナは仲良くなり、単なる同僚ではなく、本当の友人になった。あれから2人の職場は変わったが、今でも友情はつづいている。

スタンフォード大学で行動デザインラボを創設したB・J・フォッグによると、新しい習慣をつくるコツは、既存の行動に新しい習慣を組み合わせることだ。「Xをしたら、Yをする」という簡単な法則で、習慣づけは驚くほど容易になる。[6]

これを応用すれば、不満を感謝に変えることができる。ひとつ不満を言ったら、ひとつ感謝すべきことを見つける習慣をつくるのだ。

これを実践してみると、自分がどんなに不満だらけだったかに気づいて驚いた。自分ではポジティブなほうだと思っていたのだが、知らないうちに不満を口にしていたらしい。ほとんど意識しないうちに、いつも不満ばかりに目をやっていた。

そこで私は、不満をひとつ見つけるたびに、感謝をひとつ見つけることを自分に義務づけた。

「どうして空港のセキュリティーはこんなに混んでいるんだ」と口にしたら、「安全に飛行機に乗れるのはありがたい」と付け加える。「また息子が宿題をやっていない」と不満に感じたら、「でも本を読むのに夢中になっていて、いいことじゃないか」と付け加える。「思ったほど体重が減らないな」とがっかりしたら、「自分の健康を気にかけているのはいいことだ」と付け加える。

しばらくこのルールで過ごしてみたところ、不満を言うと勝手に感謝の言葉が口をついて出るようになった。

それどころか、不満を感じた瞬間に、感謝すべき側面が頭に浮かんでくる。最初は無理があるような気がしたが、やがてこの習慣が体に馴染み、エフォートレスに実行できるようになった。

ネガティブな感情を解雇する

クリス・ウィリアムズは、人生の最優先事項を知っていた。[7] 家族だ。彼にとって家族とは、何ものにも代えがたい価値のあるものだった。

ところが2007年のある冬の日、悲劇が起こった。家族を乗せて車を運転していたときに、若者の運転する車が全速力で横から突っ込んできたのだ。ウィリアムズの妻と、お腹にいた赤ちゃんと、9歳の娘と、11歳の息子が亡くなった。

6歳の息子はかろうじて生き延びた。14歳の息子は、そのとき友人の家にいて事故には遭わなかったが、ショックでふさぎ込んでしまった。

そんなことがあったら、打ちのめされるのも無理はない。理不尽な出来事への怒りと悲しみに、普通は圧倒されるだろう。事故の加害者への恨みを何十年も抱きつづけたとしても仕方ない。ところが、ウィリアムズはそうしなかった。

事故の数分後、大破した車の中で、彼の意識は奇妙に明瞭だった。その瞬間、悲劇のど真ん中で、彼は2種類の未来をまざまざと想像した。

ひとつは、その瞬間に生まれた怒りと苦しみを背負いつづける未来だ。その未来を選べば、一生のあいだ、ネガティブな感情に苛《さいな》まれるだろう。苦しみは生き残った息子たちにも伝わり、心に癒えない傷を残すことだろう。

もうひとつは、そうした重荷から解き放たれた未来だ。生き残った息子たちの心身の傷が治ったとき、彼らに向き合い、そばにいてやれる父親になる未来だ。そこにあるのは後悔や恨みではなく、意味と目的に満ちた人生だ。

この道を選びとるのは簡単ではない。それでも、選びとる価値のある未来だと思えた。その瞬間に、彼は許すことを決意した。

怒りや苦しみがなかったわけではない。だが、その苦しみに流されて、加害者への恨みを抱えつづけるべきではないと思った。

エネルギーを過去に向けるのではなく、未来のために、手放すことを選んだのだ。

人に傷つけられて、怒りを抱えつづけた経験はないだろうか。心の貴重なエネルギーを、恨みや不満に費やしてしまったことはないだろうか。その傷はどれだけの期間つづいただろう。数週間、数カ月、数年、それとも数十年？

ウィリアムズの話は、別の可能性を示してくれる。

彼のような悲劇の中でさえ、怒りや恨みを手放すことは可能なのだ。本当に大切なもののために、困難な道を選びとることができるのだ。

そのために、ちょっと変わった質問をしてみよう。

「この怒りを、なんの仕事のために雇用したのか？」

これはハーバード・ビジネス・スクールのクレイトン・クリステンセン教授の考え方だ。マネジメント論の権威であるクリステンセンによれば、人は商品やサービスをただ購入するのではない。特定のジョブを達成するために「雇用」しているのだ[8]。

感情についても、同様に考えることができる。

怒りの感情を雇用する目的は、たとえば満たされないニーズを満たすためだ。すっきりしない気持ちを、怒りが解決してくれるのではないかと期待する。

ところが、業績を評価してみると、怒りはあまりいい仕事をしていないことに気づく。リソースを食うばかりで、投資に見合った効果が得られないのだ。その場合、怒りを解雇したほうがいい。

自分が優位に立ちたいために、怒りを雇用することもある。自分が正しく、間違っているのは他人だと思うためだ。他人に責任をなすりつければ、自分はまっとうで強い人間だと感じるかもしれない。

だがそれは、かりそめの満足感だ。怒りはまるで『ロード・オブ・ザ・リング』の登場人物グリマ（蛇《へび》の舌）のように、あたかも忠実な部下のごとく振る舞いながら、主人の座を奪うことを虎視眈々《たんたん》と狙っている。[9] 怒りに支配されてしまえば、私たちはずっと他責と自己正当化と自己嫌悪から逃れられない。

他人の関心を引きたくて、怒りを雇用することもある。自分が不当な目に遭った話をすれば、周りの人は同情し、慰めてくれるだろう。やさしくされるのは気持ちがいいから、私たちは何度も何度もその話をしてしまう。

だがそうするうちに、聞くほうも疲れてきて、以前のように同情してくれなくなる。あなたは周りの人に失望し、話を聞いてくれる人を求めてさまよう羽目になる。

自分を守るために、怒りを雇用することもある。自分を傷つけたことのある人に敵意を抱き、距離を置けば、もう傷つけられなくてすむからだ。怒りを持ちつづけることで、心をガードする戦略だ。

だがこれも、結局はうまくいかない。自分を守っているつもりでも、実際は傷つきやすく、不安だらけになってしまう。人を信じることができなくなり、孤立する。

私が以前コンサルティングをしたスタートアップは、従業員一人当たりの売り上げが100万ドルという、非常に生産性の高いチームだった。起業家精神とリーンな文化を保ちながら、いかに業務拡大するかが、彼らの課題だった。

少々きついかもしれないが、私はこうアドバイスした。

「ゆっくり雇い、すばやく解雇しましょう」[10]

仕事でも、感情でも、基本方針は同じだ。ネガティブな感情を雇うときはきわめて慎重になろう。そして、用事がすんだらさっさと解雇したほうがいい。

現実を受容すると、自由になれる

友人のジョナサン・カレンは、その診断を聞いて全身を貫かれるようなショックを受けた。[11] 生まれる予定の子どもが、ダウン症だとわかったのだ。

トリスタンと名づけられた子どもは、生まれてすぐに新生児集中治療室に入れられた。かろうじて命を保っている我が子を見ながら、ジョナサンは日々自信を失っていった。こんなはずじゃなかった。いったいどうしろと言うのか。状況をコントロールできない無力感に、うなだれるしかなかった。

何人かの友人は、温かく対応してくれた。食事を届け、電話をかけ、心の支えになろうと頑張ってくれた。だが別の友人たちは、なぜか疎遠になっていった。

納得できなかった。信頼していた友人に裏切られたような気持ちだった。

そうした試練の中で数カ月が経ち、ジョナサンは徐々に理解した。友人が離れていくのを止めることはできない。彼らの間違いを正そうとするのではなく、彼らの行動をあるがままに受け入れなくてはならない。

苦しいときに助けてくれる友人は貴重だ。彼らは積極的に動き、必要なものを用意してサポートしてくれた。一方、疎遠になった友人たちも、悪意があってそうしたのではなかった。ただ、何をしていいかわからず、困惑してしまったのだ。

考えてみれば、彼らは受動的な性格だった。経験したことのない状況を前にして、動けなくなるのも無理はなかった。

「人がありのままの姿を見せてくれたら、まずはその人を信じてみましょう」と詩人のマヤ・アンジェロウも言っている[12]。

ジョナサンは疎遠になった友人たちを、信じてみることにした。積極的に支えてほしいという期待は手放した。無理な期待をするよりも、現実を受け入れたほうがいい。

そのときはじめて、ジョナサンは目の前の現実を本当に受容することができた。

未来に向けて進み始める準備が整ったと感じた。

詩人のヘンリー・ワーズワース・ロングフェローも言っている。

「雨の日にできる最善のことは、
雨を降らせておくことだ[13]」

自分を傷つけた人に対するネガティブな感情を、手放してみよう。

相手を自由にするためではない。自分自身を解放するためだ。

怒りや不満を、感謝と思いやりに変えてみよう。

それはただの交換ではない。革命的な変化だ。

これを一つひとつ積み重ねるたびに、私たちは少しずつ、エフォートレスな精神に近づくことができる。

第4章

REST《休息》

「休み」で脳をリセットする

眼科外科医のジェリー・スウェールは、すべてを頑張ってこなそうとする人間だった。「忙しすぎる、やることがありすぎる！」と頭を抱えて嘆いていたかと思うと、次の瞬間には立ち上がり、「やってやる！」と宣言する。

限界まで働くのは彼のスタイルだったが、それもだんだん難しくなってきた。56歳のとき、両手に発疹が現れた。このままでは外科医の仕事に影響するかもしれない。皮膚科に行くべきなのはわかっていたが、あまりに仕事が忙しく、医者に行くのを先延ばしにしていた。

そしてあるとき車を運転しながら、彼はふと気づいた。こうしていても、時間は勝手に降ってくるわけではない。治療を受けたいなら、自分で時間をつくるしかない。

数十年のキャリアのなかで、彼ははじめて、患者の治療よりも自分自身のケアを優先することにした。

彼は恐る恐る、勤務時間を短縮したいと言ってみた。ありがたいことに、みんなすぐに理解してくれた。

地域の教会の役職も降りることにした。苦渋の決断だったが、事情を説明して受け入れてもらった。それからまもなく、ほかにも3人が忙しさを理由に役職を降りた。どうやら彼の決断に背中を押されたようだった。

彼は皮膚科で診療を受けた。健康のために、毎日自転車に乗ることにした。夜は8時間たっぷり眠った。それまでは5時間や6時間の睡眠で十分だと自分に言い聞かせていたのだ。

まもなく、ビジネスパートナーだった医者が急な事情で仕事を辞め、ジェリーがすべての患者を引き受けることになった。以前の彼だったら、すべてをこなそうと無理をして、体を壊すまで頑張ったかもしれない。

だが休むことを学んだ今、彼は無理をしようとはしなかった。自分にできることと、できないことを、冷静に考えることができた。すばやく決断を下し、効率的に仕事を終わらせた。

十分な休息は、未来のストレスを減らすためにも役立つ。
彼はこうして、エフォートレスな精神を手に入れた。

一流の人は休み方を心得ている

休むことをわざわざ学ぶ必要はないと思うかもしれない。だが現代の忙しい生活のなかで、多くの人はリラックスする方法を忘れている。

何もしないでいることを苦痛に感じるのだ。

ロサンゼルス・エンゼルスのジョー・マドン監督によれば、野球選手にも休むのが苦手な人が多いという[1]。

マドンは長いキャリアのなかで、監督やコーチ、スカウトなど多彩な任務につき、さまざまな選手と触れ合ってきた。

「選手たちは早い時間に集合してバッティングの練習をし、試合開始の何時間も前から準備をするのが普通です」とマドンは言う。

野球のシーズンは長い。1カ月半のあいだ、ほぼ休みなく試合をこなすこともある。秋になってプレーオフがおこなわれる頃には、多くの選手がすっかり消耗している。

マドンは、別のアプローチを取ることにした。

「シーズンオフのあいだ、何もしない時間を存分に楽しみました。何もしない時間をもっと持つべきだと思いましたね。これはいい意味で言うんです。何もせず、ゆっくりと休む時間こそが、大事だと気づきました」

彼は8月の暑い時期、いつも選手たちのパフォーマンスが落ちる頃に、1週間の特別期間を設けることにした。特別頑張るのではなく、特別なまけてもいい1週間だ。この期間、選手たちはとにかく、試合に顔だけ出せばいい。寝坊してもいいし、昼寝をしてもいい。アマチュアだった頃のように、もっと気楽にやろうじゃないか。

マドンは別に、選手のパフォーマンスを落とそうとしているのではない。一流の選手に一流のパフォーマンスを出してほしいと考えている。そのために、何もしない時間がどうしても必要なのだ。

「少しリラックスすれば、頭がすっきりします。そうしてすっきりしたほうが、いいプレイができるんです」

マドンはこのやり方で、エンゼルスをはじめ多くのチームで成果を上げてきた。タンパベイ・レイズでこのやり方を導入したときは、その年のうちにワールドシリーズ進出が決まった。シカゴ・カブスは4年連続で最多勝利を上げ、2016年にはワールドシリーズに進出した。[2]

最近の心理学の研究も、マドンのやり方が正しいことを証明している。
肉体的・精神的に最高のパフォーマンスを出すためには、使う時間と休ませる時間のメリハリが必要だ。ある研究によれば、一流のアスリートも、ミュージシャンも、チェスプレイヤーも、作家も、みんな休みをうまく活用している[3]。

たとえば午前中に60分から90分のセッションを3本、あいだに休みを入れながらおこなう。休みをあまりとらない場合、パフォーマンスが低下することがわかっている。

「長期的に練習の成果を上げるためには、疲労を避けなくてはいけません」と、心理学者アンダース・エリクソンは言う。「練習時間を制限し、その日やその週のうちに完全に疲れが取れるサイクルをつくるのです」

リラックスも、仕事のうちだ。

やりすぎと不十分のあいだの、ちょうどいいポイントを見つけるのは意外と難しい。今日中に仕事を終わらせようと頑張りすぎて、次の日に起き上がれないほど疲れてしまうことはないだろうか。

やりすぎを防ぐためには、シンプルなルールに従えばいい。

1日の仕事は、1日ですっかり疲れが取れる程度まで。1週間の仕事は、その週末ですっかり疲れが取れる程度までに制限するのだ。

仕事が乗っているときは、エネルギー切れの兆候を無視してしまいがちだ。集中力が低下し、体力がなくなっていても、そのまま頑張ってしまう。カフェインや糖分を補給して、無理やり頭と体を働かせる。

だが、そうやって疲れをごまかしているあいだにも、疲労は溜まっていく。疲労が溜まれば、重要な仕事をやり遂げることがどんどん難しくなる。

心身の疲労を防ぐためのもっとも簡単な方法は、短い休憩を頻繁に取ることだ。

一流の人たちがやっているように、1日のリズムを計画的に整えて、最高のパフォーマンスを出そう。

たとえば、次のようなルールをつくってみるといい。

1　午前中に最優先の仕事をする
2　その仕事を、90分以内の3つのセッションに分割する
3　それぞれのセッションのあいだに短い休憩（10分から15分）を取り、頭と体を休ませる

1分間の休息で最高のパフォーマンスを

カトリン・ダヴィズドッティルはアイスランド出身のアスリートだ。[4]

彼女の目標は、クロスフィットのチャンピオンシップで優勝し、世界最強の女性になることだった。

2014年、チャンピオンシップの最終予選で、ダヴィズドッティルは異常を感じた。両腕の筋肉が痛み、悲鳴をあげていた。あと一押しすれば優勝に手が届くというところで、彼女はその場にくずおれた。

ルールでは2回チャレンジできることになっていたが、もう精神的に限界だった。やってみたものの、まったくうまくいかない。彼女は途中であきらめ、会場をあとにした。

翌年、彼女はベン・バーガロンをコーチとして雇うことにした。

ダヴィズドッティルに必要なのは休息だ、とバーガロンは考えた。２０１４年の大会のとき、二度目のチャレンジの前に1分間でも長く休息をとっていたなら、心身が整ってよりよい結果が出せていたかもしれない。

問題は、休息を取らずに押しきろうとしたことなのだ。

バーガロンはすぐにトレーニングのやり方を変更した。

ひたすら頑張るのではなく、しっかりと休息を取り入れた。食事と睡眠に気を配り、精神を整えることも日課にした。

結果はすぐに現れた。２０１５年の大会で、ダヴィズドッティルは見事、優勝を手に入れた。世界最強の女性になったのだ。さらに翌年の大会でも優勝し、2年連続チャンピオンとなった。本書を執筆している時点で、彼女は5年連続でトップ5入りしている。

頑張ってもうまくいかないときは、さらに力を入れるのではなく、力を抜くことを試してみよう。ほんの1分間でもいい。活動を中断して休息をとれば、心身は驚くほど回復する。

体のリズムにあらがわず、リズムに乗って動いてみよう。

活動と休息のリズムをうまく使えば、無理せず最高のパフォーマンスが出せるはずだ。

睡眠負債は認知機能を低下させる

現代人は慢性的に寝不足だ。50年前の人と比べて、平均で2時間ほど睡眠時間が短くなっているという調査結果もある。[5] そして睡眠不足は、さまざまな悪影響を及ぼす。

1日の睡眠時間が7時間未満の人は、心臓病や喘息《ぜんそく》、関節炎、鬱《うつ》、糖尿病になりやすく、さらに肥満のリスクが約8倍になる。

ある研究では、睡眠時間が6時間未満の場合、運動機能や認知機能がかなり低下することがわかった。[6] 怖いのは、睡眠不足の影響に自分では気づきにくいことだ。

何日か睡眠不足がつづいても、1日しっかり眠ればもとに戻ると私たちは考えがちだ。だが研究によると、睡眠不足になるたびに「睡眠負債」は積み重なる。10日も睡眠不足がつづけば、睡眠負債が増えすぎて、1日徹夜したのと同じ状態になってしまう。自分では「ちょっと眠いな」と感じる程度でも、認知機能を測定するとかなり悪い結果が出る。「6時間未満の睡眠がつづいた場合、自覚症状がなくても認知機能は低下しています」と研究者らは言う。[7]

自分の体と心のために、たっぷりと睡眠をとろう。

そうすれば結果的に、仕事もうまくいくはずだ。

深い眠りを確保する

カナダのライアソン大学でアントレプレナーシップを教えるショーン・ワイズは、ベンチャーキャピタル業界で20年の経験を持ち、数々のスタートアップの急成長を支えてきた。[8]

シードステージにある企業の経営者は、日々多大なリスクとプレッシャーにさらされる。ワイズの出会った経営者の多くは、そうした環境のもとで、十分な睡眠をとっていなかった。

破壊的なイノベーションを生みだすスタートアップといえば、寝る間も惜しんで働くイメージがある。大量のカフェインを摂取しながら昼も夜もコーディングに励み、目の下に真っ黒な隈《くま》をつくりながら、ついに画期的なアイデアを生みだすというのがシリコンバレーによくあるストーリーだ。

ところが、ワイズはまったく異なる現象を何度も目にしてきた。

「数多くの経営者と接してきた経験から言って、睡眠時間や睡眠の質が悪い場合、精神的な状態が悪くなります。気難しくなり、レジリエンスが低下します。そうすると、スタートアップが成功する確率は低くなります」

睡眠不足が注意力やクリエイティビティ、ソーシャルスキルの低下を招くことを考えれば、無理もないことだ。それらは成功する起業家に欠かせない資質だからだ。[9]

よい睡眠がイノベーションにつながると考えたワイズは、自分自身で睡眠の実験をおこなうことにした。[10] そこには睡眠時間だけでなく、睡眠の質が関与するはずだ。深い睡眠の割合を増やし、長く深く眠ることが大事なのではないか。

数々の研究も、ワイズの仮説を支持している。睡眠時間が長くても、深い睡眠が取れていなければ、睡眠不足と同じ状態になるのだ。

人の睡眠には、急速眼球運動の起こるレム睡眠と、より深いノンレム睡眠の2種類がある。心身が本当に休まるのはノンレム睡眠の段階だ。ノンレム睡眠をしっかり取ると、脳に長期記憶が定着し、学習や感情が処理され、免疫系が活性化され、体の疲れが回復する。健康な成人では平均して睡眠時間の13〜23%がノンレム睡眠であるといわれる。[11] 7時間眠るなら、そのうちノンレム睡眠は50〜100分程度だ。かなり希少な時間であることがわかる。

睡眠の質は、こうした深い睡眠をどれだけ取れるかで決まる。[12] 深い睡眠に入らなければ、肉体も精神も回復しない。寝苦しくて何度も目覚める夜に、あまり疲れが取れないのはそのせいだ。

深い睡眠を増やし、睡眠の質を上げるために、ワイズは次のような戦略をとった。

まず、ベッドに入る1時間前には電子機器をすべて切っておく。寝る前に熱いシャワーを浴びる。そしてベッドに入る時間は、疲れているかどうかにかかわらず毎晩一定にする。

そのうえで、心拍数、ベッドの中にいる時間、眠った時間、眠りの質、レム睡眠の割合を測定した。

なぜシャワーを浴びるかというと、お風呂やシャワーで体を温めたほうが眠りにつきやすくなり、深く長い睡眠が取れることが最近の研究でわかってきたからだ[13]。

眠っているあいだは深部体温が下がることを考えると、少し意外かもしれない。だが、大事なのはタイミングだ。就寝の90分前にお風呂に入ると、温かいお湯の刺激で体の冷却システムが働き、体の中心部から手足へと熱が放散される。すると深部体温が効果的に下がり、スムーズに眠りにつくことが可能になるのだ。

4週間の実験の結果、ワイズの眠りは劇的に改善された。ノンレム睡眠の時間は2時間となり、以前の8倍になった。途中で目覚めることが減り、朝にはすっかり疲れが取れていた。頭が冴えて、よりクリエイティブに、目の前のことに集中できるようになった。

ワイズは言う。「人生の3分の1は睡眠です。よりよく眠る工夫をしてみる価値はあるのではないでしょうか」

睡眠負債に打ち勝つ秘密兵器

正直なところ、私もつねに理想的な睡眠が取れているわけではない。

だが、昼寝なら大得意だ。

昼寝は睡眠負債を返すための秘密兵器だ。昼寝をすると脳の反応速度が上がり、論理的思考や記号認識のパフォーマンスが上がることがわかっている。[14]

気分も安定し、苛立ちや衝動性が減る。[15]ある種のタスクにおいては、昼寝の効果が一晩の睡眠に匹敵するという報告もある。「90分間の昼寝で、8時間の睡眠と同程度の学習能力向上が見られた」と研究者らは言う。[16]

できることなら昼寝したいけれど、実際に昼寝をするのは難しい、と多くの人は考える。なぜだろうか。

私たちは、昼寝に罪悪感を覚えるように条件づけられている。仕事が忙しいのに、昼から眠るのは気が引ける。サボっているような気がするし、寝ているうちに大事な情報を逃してしまうかもしれない。昼寝なんて怠け者や子どものすることじゃないのか？

そういう考え方は、忙しいことをよしとする社会の困った副産物だ。「短時間睡眠で全然平気だ」「忙しくて眠る暇なんかない」と、人はどこか自慢げに語る。

ただし、眠ることが怠けることだという考え方は、今に始まったものではないようだ。南北戦争の名将ユリシーズ・グラントは、大事な戦いの前には11時に寝るようにしていたが、そのせいで上官から小言を言われた。[17] 毎日4時間睡眠で戦っていたナポレオンを見習えというのだ。

「そんな伝説、信じられませんね」とグラントは上官に言った。「本当に4時間しか寝ていないのだとしたら、そのぶん昼間たっぷり眠っていたはずですよ」


私たちも眠ることに対する罪悪感を捨てて、昼寝をしてみたらどうだろう。

エフォートレスな昼寝のコツは、以下の4つだ。

1　疲れて集中力が低下してくる時間帯を選ぶ
2　アイマスクと耳栓またはノイズキャンセラーで、暗く静かな環境をつくる
3　起きたい時間にアラームをセットする
4　昼寝をするときには、ほかのやるべきことはいっさい考えない。寝て起きたらもっと効率的にタスクをこなせるのだと意識する

はじめは難しく感じるかもしれない。寝ようとしてもうまく眠れないかもしれない。それでも毎日一定の時間を昼寝に充ててみよう。

練習すれば、エフォートレスに（そして罪悪感なく）昼寝ができるようになる。

ダリのアートを生んだ昼寝術

サルバドール・ダリの有名な絵画「記憶の固執」は、写実的な風景に夢の中のような要素が組み合わさった不思議な作品だ。[18]

時計は硬さを失い、ぐにゃぐにゃと熱に溶けている。1匹の蝿が、人間の形の影を投げかける。蟻たちが時計に群れる。1931年、シュールレアリスムの絶頂期に描かれたこの作品で、ダリは一躍時の人となった。

ダリは印象派とルネサンス絵画に影響を受け、マドリードで正式な絵画の教育を受けた。[19] 写実的な絵を描いてもいいはずの経歴だ。そこからどうやって、現実と夢を融合させた奇妙な作風にたどり着いたのだろう？

ダリは、昼寝をする人だった。これがまた、独特のやり方だ。[20]

まず椅子に深く座り、肘掛けに両腕を預ける。片手の親指と人差し指で、金属の鍵を持っておく。その真下に、逆さまにした皿を置く。その状態で目を閉じ、リラックスする。うつらうつらと眠りかけた瞬間、手に持っていた鍵が落ちる。ガチャン、と音がして、ダリの目が弾かれたように開く。一瞬の眠りから覚めたダリは、新たな作品のための奇妙なアイデアに満ちている。

このやり方を、ダリは「鍵のついた睡眠」と呼ぶ[21]。「意識を失いかけ、起きているとも寝ているとも言えない、捉えがたい瞬間」の、「眠りと覚醒のあいだの見えない糸の上を綱渡りしている状態[22]」が、彼のインスピレーションの源泉だったのだ。

夢が問題解決のためのクリエイティブな鍵を与えてくれることは多い。ただ、普段の睡眠では、夢をかろうじて覚えていてもすぐに消えてしまうものだ。

夢からインスピレーションを得たいなら、ダリのように一瞬の昼寝を試してみよう。心地よい椅子に座り、目を閉じて、体をリラックスさせる。鍵の代わりに携帯のアラームを使ってもいい。ペンと紙を手元に用意しておき、起きたら忘れないうちに夢を書きとめてみよう。

睡眠時間をいくら削れるかという競争に意味はない。眠い体を酷使するのはやめて、自然のリズムに身をまかせよう。

十分な睡眠をとれば、頭がクリアになり、エフォートレスな精神が戻ってくる。

第5章

NOTICE《集中》

今、この瞬間にフォーカスする

シャーロック・ホームズは、小説の登場人物のなかでもっとも多くテレビや映画に登場するキャラクターだ[1]。だが意外なことに、原作者アーサー・コナン・ドイルの45冊の長編小説のうち、ホームズはたった４冊にしか登場しない。なぜホームズはこれほど人気になったのだろうか。

ホームズの特徴といえば、卓越した観察力だ。彼の鋭敏な目は、どんな些細な情報も見逃さない。その能力が遺憾なく発揮されるのが、ドイルの１８９１年の短編『ボヘミアの醜聞』だ[2]。

物語はジョン・ワトソンの語りから始まる。結婚して医者の仕事に戻っていたワトソンは、仕事の帰りにベーカー街２２１Ｂの前を通りかかる。ホームズと共同生活を送っていたアパートメントだ。部屋を訪ねていくと、ホームズはいきなりワトソンに言う。「君は近頃ずぶ濡れになったね。君の家で雇っている女中は不器用で気が利かないようだ。違うかい?」

ワトソンは驚き、たしかに数日前に田舎を歩いて泥まみれになったことを認める。だが、いったいなぜホームズにそんなことがわかるのか?

「簡単なことだよ」とホームズは言う。左の靴の内側、ちょうど暖炉の火が照らすあたりに、ほぼ平行な6本の傷がついている。靴底にこびりついた泥を落とそうとして、不注意な女中がつけた傷に違いない。誰が見ても明らかだ。

言われてみれば、たしかにそうだった。なぜホームズが説明すると簡単そうに聞こえるのに、自分では思いつかないのだろうか。「君のほうが目がいいってわけじゃないだろう?」とワトソンは首をひねる。

「もちろんだ」とホームズは言い、肘掛け椅子に腰を下ろす。「君は見えちゃいるが、観察していないのさ」

そしてホームズは、建物の玄関からこの部屋までの階段が何段あるかとワトソンにたずねる。ワトソンが答えられないでいると、「ほら、観察していない」と勝ち誇ったように言う。「ただ見ているだけなんだ」

たいていの人は、ワトソンのように物を見ているのではないだろうか。いつも間近で見ているはずなのに、誰かに言われるまでまったく気づかなかったという経験は、誰にでもあるだろう。

ワトソンから見れば、ホームズの能力はまるで魔法だ。ちっぽけな手がかりからどうやってあれほど正確な事実を導きだせるのかわからない。しかしもちろん、魔法ではない。見ることと観察することのあいだには大きな違いがある。

私たちはどれだけ本当にものごとを見つめ、観察しているだろうか。情報過多の毎日のなかで、目の前のことに集中するのは難しい。見ていても見えていなかったり、そこにいても心ここにあらずだったり、話をしていても聞いていないことがあまりに多い。

難しいのは、聞くことではない。聞きながらその他のことを考えないことだ。

難しいのは、その場にいることではない。そこにいながら過去の出来事や未来の予定に気を取られないことだ。

難しいのは、何かを見ることではない。雑多な情報を無視して、見るべきものだけを見ることだ。

はじめは難しく感じると思う。だが、頭の中に割り込んでくるノイズを取り除けば、ホームズの「魔法」に一歩近づくことができる。

私たちを取りまく雑多なノイズは、たとえるなら白内障のようなものだ。放置しておくと、目のレンズがどんどん濁り、視力が悪化する。[3] 本を読むのが困難になり、話している相手の顔が見えづらくなる。網膜に届く光の量が減り、日常生活に支障が生じる。やがて失明に至る場合もある。

同様に、私たちの思考も、さまざまなノイズによって濁らされている。頭の中に余計な考えごとが詰まっていると、見るべきものを見ることが難しくなる。放っておくと、思考がどんどん純り、ひとつのことに集中できなくなる。注意力が下がり、ケアレスミスが増える。やがては、何が大事なのか見分けられなくなってしまう。

幸いなことに、白内障の濁ったレンズは、取り除くことが可能だ。濁りが取り除かれると、光が正常に網膜まで届き、それまで見えなかったものがクリアに見えるようになる。

ノイズの中でフォーカスする

NBA選手のステフィン・カリーは高校生の頃、父親の出身校であるバージニア工科大学のバスケットボールチームに入ることを夢見ていた。[4] ところがバージニア工科大学は、彼のスポーツ奨学金の申請を却下した。理由は、彼の体格が小さいことだった。

身長１９０センチ、体重83キロの彼の体は、体格の大きな選手が増えているバスケットボールの世界で、不十分だとみなされたのだ。２００９年にカリーがＮＢＡ入りした時点で、ＮＢＡ選手の平均身長は約2メートル。身長２１０センチのレブロン・ジェームズや、体重１４０キロのシャキール・オニールと比較すると、彼の体はたしかに大きいとはいえない。

小柄なＮＢＡ選手は、身軽さを生かしてアジリティを訓練するのが通例だ。だがカリーは、別のアプローチをとった。脳のトレーニングにフォーカスしたのだ。

専属トレーナーを務めるブランドン・ペインのもとで、カリーは認知能力を高めるための特別訓練をこなした。[5]

たとえば、片手でテニスボールをひとつ宙に投げてキャッチしながら、もう片方の手でバスケットボールをドリブルする。次にテニスボールをドリブルする。それからバスケットボールをドリブルしつつ、テニスボールを壁に投げつけてキャッチする。さらにバスケットボールを両脚のあいだに通しながら（レッグスルー）ドリブルする。そして最後には片手のテニスボールを2つに増やしてジャグリングする。

これらを段階的に練習することで、複数の情報を同時に処理しながら、タスクに集中する能力が高められる。

「カリーの小柄な外見からは、彼がNBAの圧倒的な実力者だとは想像できないだろう」とジャーナリストのドレイク・ベアは言う。[6]

「レブロンのようにパワフルでもなければ、マイケル・ジョーダンのように空中を飛ぶわけでもない。彼の実力はもっと見えにくいところにある。すばやさやシュートスキルが優れているのはもちろんだが、それよりもずば抜けているのが、感覚処理能力の高さだ。どんなに複雑でストレスフルな状況でも、彼の目は鋭敏さを失わない。相手チームのポジショニングから最適な動線を割り出し、チームの得点につなげる。試合の状況を誰よりも正確に把握しているのだ」

所属チームのコーチを務めるスティーブ・カーは、カリーの目のよさと反射神経を「これまでに見た誰よりも優れている」と評価する。いまやカリーは、NBA史上最高のシューターとして知られる存在だ。

近年の研究は、注意力を鍛えると情報処理速度が格段に上がることを実証している。ある実験では、コンピューター・シミュレーションで8個のボールが壁に反射して行き来する映像を表示し、そのうち4つの動きを目で追うように被験者に指示した。その結果、プロのアスリートは一般の人よりも複雑で速い動きを把握することができた。

アスリートが優れているのは当然かもしれない。だがここで注目したいのは、アスリートでない人も含めて、すべてのグループが練習によって飛躍的に成績を上げたという結果だ。[7]つまり、練習すれば誰でも、ノイズを無視して重要なことにフォーカスする力を身につけられるのだ。

エフォートレスな精神とは、大量の情報やノイズの中にありながら、今やるべきことに対する注意と集中を失わない状態だ。

これを手に入れれば、世界が変わる。重要なことをピンポイントで把握し、以前は気づかなかった解決策をクリアに見抜くことが可能になる。

相手のボールを受け止める

人間関係においても、相手を明晰に見ることが大切だ。私たちは往々にして、人と一緒にいながら、相手を見つめることができていない。

心理学者のジョン・ゴッドマンは、妻で同じく心理学者のジュリー・シュワルツ・ゴッドマンとともに、長年にわたって恋愛と結婚生活についての研究をおこなってきた。恋愛の機微や、結婚生活を成功させる方法にかけては、ほかに並ぶ者のないエキスパートだ。[8]

ゴッドマン夫妻によると、恋愛や結婚においては、誰しも相手からの「愛情・承認・関心」を求めている。[9] それらを求める行動は「つながりの呼びかけ」と呼ばれる。

相手からつながりの呼びかけがなされたとき、それに反応する方法は大きく分けて3つある。これを人間関係のテニスと呼ぼう。


第1のタイプは、同調反応だ。たとえば一人が「今日はすごく天気がいいね」と呼びかける。それに対して相手が「本当にいい天気だね。ちょっと窓を開けようか」と返す。

これはテニスにたとえれば、相手のサーブをまっすぐ相手に向けて打ち返すプレイだ。この場合、二人は順調に、長くラリーをつづけることができる。


第2のタイプは、抵抗反応だ。たとえば天気がいいねという呼びかけに対して、「そうかなぁ？　暑くてじめじめしてやってられないよ」と返す。

これはテニスにたとえれば、やってきたボールを相手の立っている場所の反対側に打ち返すプレイだ。相手は必死に走ってボールを追いかけなくてはならず、ラリーをつづけるのが難しくなる。


第3のタイプは、回避反応だ。天気がいいねと呼びかけても、それに対するコメントがない。「車のオイル交換してくれた？」などと無関係な反応をする。

テニスのボールは無関係なところへ飛んでいき、ラリーはまったくつづかない。フラストレーションを感じつつ、最初からやり直さなければならない。

ゴッドマン夫妻の研究によると、第1と第2の反応タイプは、どちらも健全な関係性の範囲内だ。困るのは、第3のタイプである。たがいに相手と向き合っておらず、ゲームに参加していない。その場にいながら、まったく別の種類のスポーツをやっているかのようだ。

エフォートレスな人間関係というものは存在しない。だが、いい関係を保つための簡単な方法はある。

なんでも相手に同調しろというのではない。大事なのは、きちんと耳を傾け、目の前の相手に集中することだ。つねに全力で関心を持つことは難しいかもしれないが、相手のボールを受け止める確率を高めることはできる。

心を落ち着けて「そこにいる」ことは、それだけで心休まる体験だ[10]。

ただ、そこに「いる」ことの力

年配の医師が診察室に入ってきたとき、17歳のロナルド・エプスタインは胸が締めつけられるような不安を感じていた[11]。診察の内容自体は、とくになんでもないものだった。診断にも治療方針にも変わったところはなく、診察は思ったよりも早く終了した。

だがひとつ、忘れられないことが起こった。その医師は、不安な様子の少年に向き合い、その日はほかの予定がないかのように、じっと少年の話に耳を傾けてくれたのだ。

その夜、エプスタインは何か大きな変化が起こったような気持ちで眠りについた。

その気持ちは、2週間経って体が元気に戻っても、ずっと心にとどまっていた。高校の進路指導でありふれた質問に答えているときにも、心にとどまっていた。大学に出願するための小論文を書いているときにも、心にとどまっていた。重い本の詰まったバックパックを背負って大学のキャンパスを歩いているあいだも、心にとどまっていた。

あの体験は自分の使命なのだ、と彼は感じた。僕もあの医師のように、病気の人たちを助けたい。

たった一度の医師との出会いが、少年の進む道を変えた。医師の深いやさしさ、落ち着き、ひたすら真摯に向き合ってくれた姿勢——それらは何年も経った今も、彼の心の支えでありつづけている。

なぜ、その一瞬が、人生を変えるほどの力を持ち得たのだろうか。なぜ、じっと耳を傾けていた医師の態度が、少年の心にそれほどの影響を残したのだろうか。

人の存在は、大きな力を持つ。全身全霊でその場にいるとき、そして全力で相手に向き合うとき、私たちの存在自体が、相手に予想もしないほどのインパクトを与えることがある。人がそこに「いる」ことは、時に魔法のような影響力を持つのだ。

カンファレンスやパーティーの場で、私はよく人々に質問する。これまでの人生で、誰かが全力でそばにいてくれた体験はあるだろうか。それは、ひとことで言い表すなら、いったいどんな感じだったか。

人々から返ってくる言葉の豊かさと力に、私はしばしば圧倒される。ありがたい感じ。特別な感じ。価値のある感じ。充実した感じ。重要な感じ。新鮮な感じ。穏やかな感じ。すばらしい感じ。わかってもらえた感じ。誠実な感じ。輝かしい感じ。つながっている感じ。親密な感じ。すがすがしい感じ。あたたかい感じ。力強い感じ。静かな感じ。安心する感じ。受け入れられる感じ。きらめく感じ。不思議な感じ。心打たれる感じ。満ち足りた感じ。安らいだ感じ。何ものにも代えがたい感じ。

これらの言葉は、何か奇跡的な出来事を指しているわけではない。人々は、ただ誠実にそこにいてくれた相手のことを語っているのだ。

心を落ち着けて、しっかりと相手に向き合い、耳を傾けよう。それは自分にとっても、相手にとっても、目が開かれるような体験になるはずだ。

判断ではなく傾聴する

友人や家族が悩みを打ち明けてくれたとき、私たちはすぐに結論を出そうとしがちだ。「こうしたほうがいいよ」「そもそもあれをやるべきじゃなかった」「自分だったら絶対こうするね」

だが、そのように判断を下すのは得策ではない。「すべき」の話をすると、悩んでいる人は自分の過ちを責められたような気分になる。すると心が閉ざされ、前向きな話し合いができなくなってしまう。

さらに、他人の意見は本人がじっくり考えるためのスペースを奪い、自分で結論を出すことを妨げる。

クエーカー（平和主義で知られるキリスト教プロテスタントの一派）では、人の悩みに耳を傾けるための「クリアネス委員会」を実践している。[12]

そのやり方は、以下のとおりだ。

大きな悩みに直面した人（フォーカス・パーソン）は、信頼できる数人の仲間に声をかけ、会合を開いてほしいと申請する。委員会のメンバーはエルダーズと呼ばれる少数精鋭の人からなり、彼らは他人をジャッジしたり、意見を押しつけたりしない。あくまでも本人が答えを出す手助けをするのが目的だ。

委員会ではまず、フォーカス・パーソンが自身の問題について話をする。ほかのメンバーは静かに耳を傾ける。

それからメンバーは、フォーカス・パーソンに「誠実な質問」をする。あくまでも話の内容に関する質問であり、答えを誘導するような質問をしてはならない。また、話の内容を繰り返し確認してもよいが、意見やアドバイスは禁止だ。

クリアネス委員会に詳しいパーカー・パーマーは、そうした傾聴の目的を次のように説明する。[13]

「人は誰でも、自分の中に内なる教師を持っています。この真実の声が、問題に対処するために必要な導きと力を与えてくれるのです」

意見や判断を抜きにして、じっと耳を傾ける。そうすることで、相手は内なる心の声を聞き、問題に自分なりの答えを出すことができるのだ。


私たちが他人に差し出せる最善のものは、スキルでもお金でもない。

ただそこに「いる」ことだ。

もちろん注意力のリソースには限界があるため、つねに何にでも全力で関心を持てるわけではない。だがエフォートレスな精神を身につければ、本当に大事な人やものごとに全力で集中することが可能になる。

どうすればエフォートレスな精神を自分のものにできるか？

私のおすすめは、次の5つを日課にすることだ。

1　場を準備する

まず、静かな場所を見つける。携帯の電源を切り、周囲の人に10分間ひとりになりたいと伝えよう。

2　体の力を抜く

背筋を伸ばして、楽な姿勢で座る。目を閉じ、肩を回す。顔を右と左にゆっくりと動かす。全身の力を抜き、自然に呼吸する。

3　頭を落ち着ける

いろいろな考えが頭に浮かぶのは自然なことだ。無理に考えを抑えようとせず、自然に考えがやってきて、去っていくのを感じよう。

4　心を解放する

嫌な人のことが頭に浮かんだら、「許します」とつぶやき、その相手と自分をつないでいた鎖を心の中で断ち切る。

5　感謝の呼吸

過去に感謝を感じたときのことを思いだす。五感を使って、あたかも今それを再体験しているかのようにイメージしてみる。あなたはどこにいて、何を感じ、誰と一緒にいるだろうか。深く息を吸いながら、感謝を全身に取り込もう。

PART 1のまとめ　エフォートレスな精神

エフォートレスな精神とは何か	・エフォートレスな精神は、肉体的にも精神的にも疲れがなく、エネルギーに満ちた状態だ。精神が研ぎ澄まされ、隅々まで注意が行き渡る。今このときを味わい、大事なタスクに集中することが可能になる。
INVERT （転回） **頑張れば成果が出るとはかぎらない**	・「どうしてこんなに大変なんだ?」と問うのではなく、「どうすればもっと簡単になる?」と考える。 ・重要なことを成し遂げるのは難しい、という思い込みを捨てる。 ・不可能を可能にするために、違う角度からアプローチする。 ・大きな困難を感じたら、「やり方が悪いのではないか?」と振り返ってみる。
ENJOY （遊び） **「我慢」を「楽しい」に変える**	・重要な任務と、楽しい行動を組み合わせる。 ・仕事と遊びを共存させる。 ・面倒なタスクを、意味のある儀式に変える。 ・遊びと笑いを取り入れて、楽しい時間をデザインする。

RELEASE （解放） **頭の中の不要品を手放す**	・心の中の不要な荷物を捨てる。 ・足りないものに目を向けると、すでにあるものが見えなくなる。自分の持っているものに目を向ければ、足りないものが手に入る。 ・不満をひとつ感じたら、感謝をひとつ見つける。 ・「ネガティブな感情をなんのために雇用しているのか？」と考える。役に立たないなら、解雇する。
REST （休息） **「休み」で脳をリセットする**	・「何もしない」技術を身につける。 ・1日の疲れは1日で癒せるように、やることの量を調整する。 ・重要な仕事を3つのセッションに分け、90分以内でそれぞれのセッションを終わらせる。 ・昼寝を上手に活用する。
NOTICE （集中） **今、この瞬間にフォーカスする**	・無関係なことに気を取られず、そこに「いる」力を身につける ・注意力を訓練し、ノイズを無視して重要なことに集中する。 ・自分の意見や判断を押しつけるのではなく、人の話に全力で耳を傾ける。 ・頭の中のガラクタを減らすために、部屋のガラクタを片づける。

PART 2

エフォートレスな行動

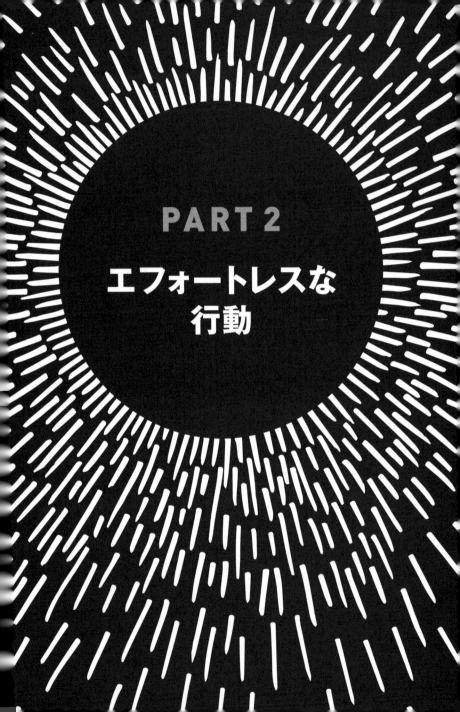

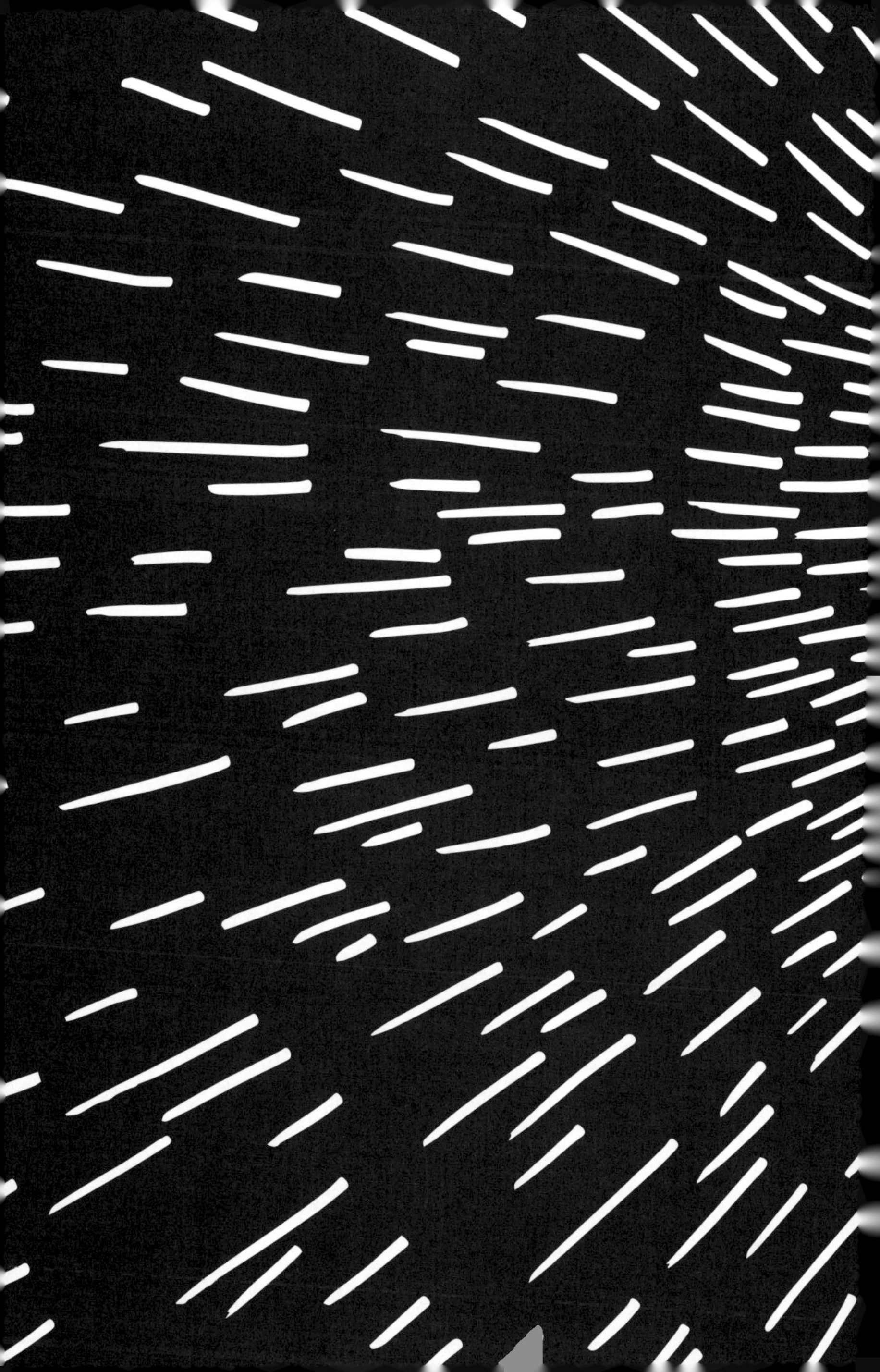

ノースカロライナ州立大学のラリー・シルバーバーグ教授は、動力学の専門家だ。動力学とは、物体の動きを研究する学問である。

彼は20年以上にわたり、数百万本のフリースローを研究してきた。[1]

研究の結果、フリースローを成功させるためにもっとも重要な要素は、ボールを手放すときのスピードであることがわかった。最適なスピードでボールを投げるためには、繰り返し練習して正しい力加減を筋肉に覚えさせる必要がある。いちど体に覚え込ませてしまえば、あとはまったく苦労しなくても、自然にフリースローが入る。

これが、エフォートレスな行動だ。

フリースローをするときに力が入りすぎていると、ボールが強く飛びすぎて失敗する。

仕事でも同じだ。力みすぎると、思うような成果が出ない。「もっと頑張らなければ」と労働時間を増やし、全力を尽くすのだが、疲れるばかりでうまくいかない。

そんなときは、視点を変えてみることが大切だ。

あるポイントを超えると、努力の量は結果に結びつかなくなる。

むしろ、パフォーマンスが低下する。

経済学ではこれを「収穫逓減《しゅうかくていげん》の法則」と呼ぶ。[2] 入力の量が一定量を超えると、いくら入力を増やしても出力が増えなくなるという意味だ。

たとえば原稿を書くとき、私は2時間で2ページ仕上げることができる。だが4時間さらに頑張っても、4ページではなく3ページしか書けない。生産性がだんだん低下するのだ。そんなときに無理やり書こうとしても、結果はついてこない。

多くの人は、アウトプットの低下を努力の量で補おうとする。無理やり長時間働き、力ずくで頑張る。

その結果、どうなるか?

利益率がマイナスになる。

ある ポイントを超えると、努力の量は結果に結びつかなくなる。むしろ、パフォーマンスが落ちる。

つまり頑張れば頑張るほど、アウトプットが減ってしまうのだ。

たとえば根性で徹夜して書いているうちに、原稿がめちゃくちゃになることがある。

どんな仕事でも同じだ。疲れて判断力が鈍った状態では、頑張っても成果は出ない。

むしろ、害にしかならない。

そんなときに無理やり頑張っても、成果が上がらないだけでなく、心と体が燃えつきてしまう。

オーバーエグザーション、つまり頑張りすぎの状態だ。[3]

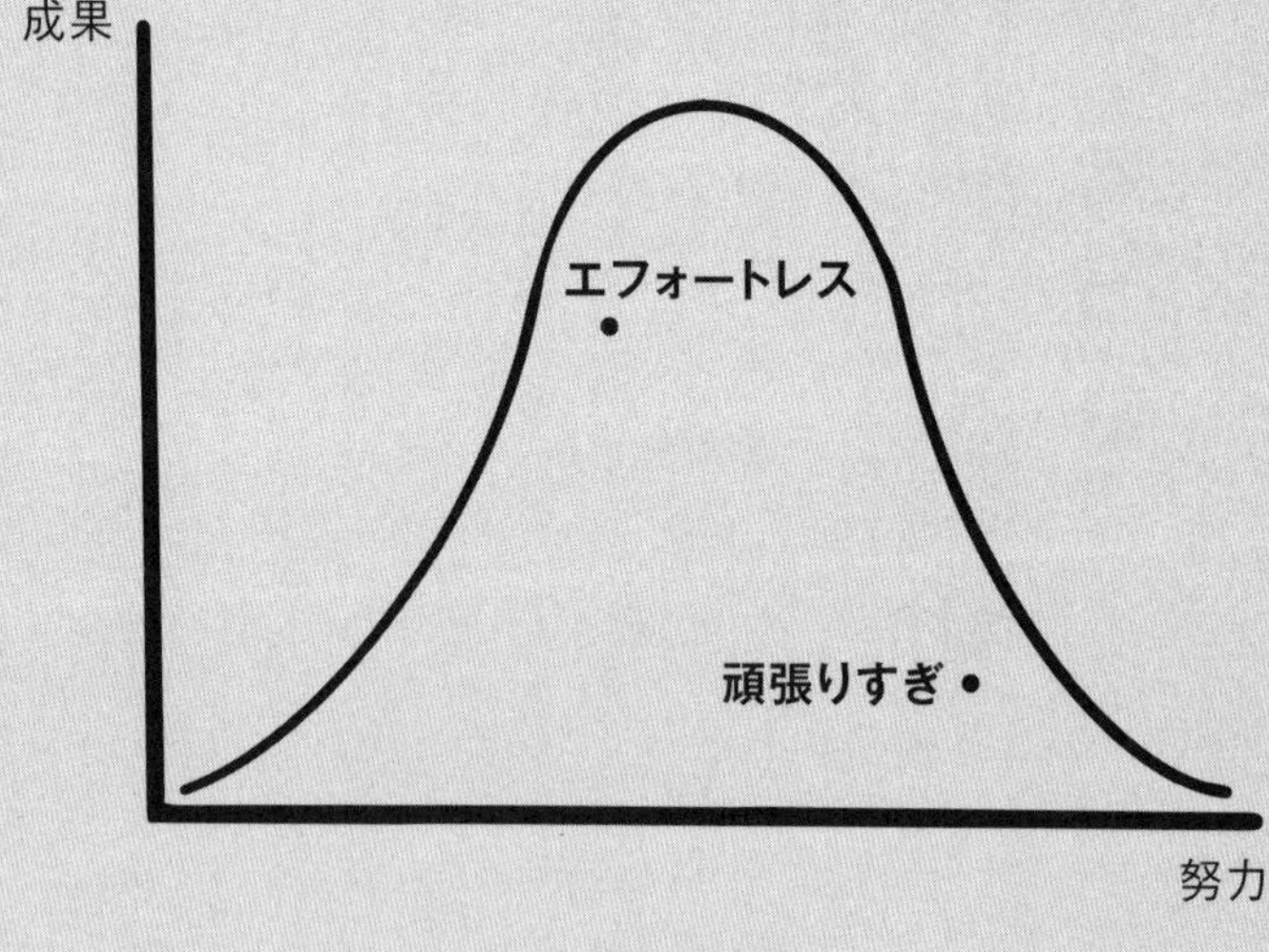

あなたにも経験がないだろうか。人と仲良くなろうと頑張りすぎて、相手に引かれる。仕事で評価されようと必死になりすぎて、逆に能力のない人だと思われる。眠らなければと焦りすぎて、目が冴えてしまう。リラックスしよう、いい気分でいようと思うあまりに、逆にリラックスできず、憂鬱になってしまう。

これらはすべて、頑張りすぎの弊害だ。

そもそも、ものごとが本当にうまくいっているときは、頑張る必要などない。仕事が最高に乗っているときに「もっと頑張るぞ」とは考えないはずだ。

何も考えなくても体が動く。時間を忘れ、ただ目の前のことに没頭できる。ゾーンやフロー、ピークエクスペリエンスとも呼ばれる状態だ。

これが、大きな成果を出すためのスイートスポットである。

東洋哲学では、この状態を「無為《むい》」と呼ぶ。[4] 無理に何かをしようとせず、流れにまかせて、エフォートレスに成果を出すということだ。

ここからのPART2では、頑張らず、流れに逆らわず、自然に成果を出すやり方を学んでいこう。エフォートレスな行動を身につければ、より少ない努力で、余裕の成果が出せるようになる。

第6章

DEFINE《目標》

ゴールを明確にイメージする

今から４００年前、スウェーデン国王グスタフ２世は、艦隊を強化する必要に迫られていた[1]。今のままでは周辺諸国の強力な海軍から国民を守ることができない。国王は造船技師のヘンリック・ヒベルツゾンを雇い、巨大な戦艦をつくらせることにした。

この一大プロジェクトのために、国王は１０００本の木を切り払って木材を提供した。金に糸目はつけなかった。「強い船ができるなら、リソースはいくらでも提供する」と国王はヘンリックに言った。

だが困ったことに、国王は船の完成イメージを明確に描いていなかった。言うことがころころ変わるのだ。はじめは船の長さ33メートル、艦砲の数は32門を予定していた。

ところが木材を切ったあとになって、船の長さは37メートルに修正された。仕方なく注文に合わせて修正したところ、今度は長さ40メートルは必要だと言いだす。艦砲の数もどんどん追加され、初期の仕様とはまったく異なるものになっていった。

造船チームは多大な労力を払って国王の注文に応えようとした。だが完成が近づくたびに、国王はまた別の注文を出してくる。あまりのストレスに、ヘンリックは心臓発作を起こしてしまった。

終わりの見えないプロジェクトはそれでもつづいた。国王はさらに注文を変更しつづける。しまいには、軍艦の機能とはなんの関係もない凝った彫刻を700点付け加えろと言いだした。一流の彫刻家たちを雇っても、2年はかかる仕事だ。

そんな調子で、1628年8月10日、ヴァーサ号は未完成のまま出港の日を迎えた。試験航海すら十分にできていなかった。国王はそんな問題には目もくれず、出港を祝う式典の準備に夢中だった。外交官たちが招かれ、盛大に花火が打ち上げられた。

ヴァーサ号が港を離れ、空に向かって祝砲を撃とうとしたそのときだった。

突風が吹きつけ、巨大な戦艦は大きく海に向かって傾いた。艦砲の先が海につかり、そこから海水が流れ込んできた。海水は甲板から船倉へと流れ込み、船は完全にバランスを失った。ヴァーサ号が沈没するまでの時間はわずか15分だった。53人の乗組員は、港から

1キロほどのところで命を落とした。

こうしてスウェーデン史上もっともお金のかかった海軍プロジェクトは海に沈んだ。国王が完成像を明確にせず、最後まで仕様を変更しつづけたせいだった。


仕事を困難にするための確実な方法は、ゴールをあいまいにすることだ。

なぜなら明確なゴールのないプロジェクトは、けっして完成させられないからだ。ゴールが決まっていないのだから、いつまでも延々と作業をつづけるか、あるいは途中であきらめるしかない。

プロジェクトを終わらせるためには、明確なゴールが必要不可欠なのだ。

そんなことは当たり前だと思うかもしれない。だが、自分の関わっているプロジェクトを思い浮かべてみよう。プロジェクトの完成イメージは、どれくらい明確になっているだろうか?

修正しすぎてはいけない

重要なプロジェクトが終わらない原因のひとつは、いつまでも手を加えつづけることだ。

私の担当編集者は以前、ある著者からおもしろそうな本の企画を受けとった。概要とサンプルを丁寧に読み終わったところで、著者から別のバージョンが届いた。「少し変更がありますと」と言う。

ほとんど同じような内容だったが、ともかく目を通した。すると2日後に、また別のバージョンが届いた。いつまでたっても、著者が修正を止められないのだ。

本を書くのも、プレゼンを準備するのも、船をつくるのも同じだ。修正しようと思えば、いくらでもできる。だがあるポイントで完了させないと、あとは手間ばかりかかって効果はほとんど得られない。修正にかかるコストが、それによって得られるリターンを上回ってしまうのだ。

私はいつも、コストとリターンが逆転するちょうど手前を「完成」と定めている。時間と努力を無駄にしないためにも、「完成」のイメージを明確に定義し、そこにたどり着いたら潔く終わりにしよう。

1分間でゴールをイメージする

重要なプロジェクトを抱えているのに、なかなかエンジンがかからないことがある。終わらせられないだけでなく、そもそも始めることができない。

そんなときは、「始まった状態」を明確にイメージするといい。

あいまいなゴール	明確なイメージ
痩せたい	体重計を見下ろし、60kgという数字を見ている自分
もっと歩こう	14日間連続で1万歩歩いた記録がスマートウォッチに表示される
古典を読みたい	電子書籍リーダーで『戦争と平和』に「既読」マークがついている
資料をつくろう	具体例と実行可能なアクションプランを盛り込んだ12ページのレポートを完成させ、クライアントに「これはすごい」と言われる
新製品を出したい	10人のベータユーザーに1週間アプリを試してもらい、フィードバックをもらう
ポッドキャストを始めたい	ポッドキャストを1話録音してファイルをアップロードする

先延ばし癖のある人は、まず何をすべきかというゴールが明確に描けていないことが多い。最初の一歩を踏みだそうにも、どの方向に進んでいいかわからないのだ。

ゴールを描くことは、終わらせるためだけでなく、始めるためにも有効だ。

心にゴールを思い描くだけで、進むべき道は驚くほどクリアになる。これから重要なプロジェクトに取りかかるときには、1分間だけ目を閉じて、作業が終了したときのイメージを思い浮かべてみよう。

たとえば「クライアントからの質問に対する返信を書いて、ざっと見直した」ときの自分を想像する。すると、なんだかできそうな気がしてこないだろうか。

やるべきことが明確になれば、集中力が格段に上がる。そこに向けて進むための意欲とエネルギーが湧いてくる。

「今日の完了」リストをつくる

ゴールはひとつのタスクやプロジェクトの完了であるとはかぎらない。

多くの人は、大量のＴｏＤｏリストを抱えて、何から手をつければいいか途方に暮れているのではないだろうか。1日を終えてみると、ＴｏＤｏリストが減るどころか、さらに増えている。勝ち目のない戦いだ。そんな日々の中で、どうすれば「完了」がやってくるのだろうか。

私が活用しているのは「今日の完了」リストだ。

「今日の完了」リストは、できるかもしれないリストではない。できればやりたいリストでもない。そんな目標を立てていたら、絶対に1日では終わらない。

その代わりに、もっとも重要で、意味のあることだけをリストに入れる。リストをつくるときのコツは、完了したときにどんな気分になるかを思い浮かべることだ。

「このリストを全部終わらせたら、1日の終わりに満足した気分になれるだろうか？」と考えよう。

これを終わらせてもまだ、気がかりで夜も眠れないようなタスクが残っているだろうか？　もしもそうなら、そのタスクを今日の完了リストに入れたほうがいい。

自分の人生のミッションは何か

スウェーデン式「死の片づけ」は、生きているうちに自分の遺品整理をするというラディカルな実践だ。[2] 縁起でもないと思うかもしれないが、やってみると思いのほか爽快な気分になる。今のうちに家を片づけ、やるべきことを終わらせておけば、残された人たちに大きな負担をかけなくてすむ。

「死の片づけ」の考え方は、日々のさまざまなことに応用できる。

私は以前から、人には必ず人生でやり遂げるべきミッションがあると考えてきた。自分はなんのために生きるのか。その答えを見つけることが、私たちのライフワークだと言ってもいいかもしれない。

いわば「人生の完了リスト」だ。

私の友人はここ数年で脳卒中を2回起こした。2回目の卒中はかなり重く、もう助からないかもしれないと言われた。だが、彼女は生き残った。

もう一度チャンスを与えられた今、彼女は最後のミッションをやり遂げることに集中して生きている。ひとつは自伝を書くこと。もうひとつは作曲した音楽にオーラルヒストリーをつけることだ。

毎朝目を覚ますと、彼女は人生の目的を意識し、「死ぬまでに完了できますように」と祈りを捧げる。人生の完了リストが完全に明確になっている状態だ。

あなたも「死の片づけ」に取り組み、残りの人生で成し遂げるべきゴールを明確にしてみてはどうだろう。

第7章

START《発動》

はじめの一歩を身軽に踏みだす

Netflix（ネットフリックス）は今や世界で1億8300万世帯の顧客を持つ動画ストリーミングサービスだ。[1] この巨大なサービスが生まれたきっかけは、創業者のリード・ヘイスティングスがレンタルビデオ店で借りた『アポロ13』のビデオを紛失し、40ドルの罰金を請求されたことだった。

こんな思いをしなくてもいいように、もっとマシな映画レンタルの方法をつくりたい、とヘイスティングスは考えた。

80年代にスタンフォード大学でコンピューター・サイエンスを学んだ彼は、動画配信の未来を予見していた。あと10年もすれば一般家庭のインターネット速度が向上し、必要に応じて映画1本を丸ごとダウンロードすることが可能になるはずだ。

ヘイスティングスはNetflixをDVDレンタルサービスとして立ち上げ、「インターネットが宅配に追いつき、追い越す」未来を待った。[2]

ヘイスティングスが心に描いていたNetflixのゴールは、当時としてはあまりに壮大で、複雑で、技術的にも難しすぎるものだった。それを実現するためにどうするか。

何年もかかる壮大な開発プロセスを描くこともできただろう。インターネットの速度向上をシミュレーションし、さまざまなシナリオにおけるビジネスプランを描くこともできただろう。DVDの郵送サービスに限っても、破損のリスクや返却率など、計算しなければならないことが山ほどある。

しかし彼がまずやったのは、1枚のCDを自分宛に送ることだった。

もしもDVDが配送中に壊れてしまうなら、何をどんなに考えたところでビジネスは不可能だ。だから彼は共同創業者のマーク・ランドルフと一緒にレコードショップへ行き、中古のCDを1枚買った。それからどこにでもあるギフトショップに入り、グリーティングカードを入れるような青い封筒を買った。封筒に自宅の住所を書き、CDを中に入れ、切手を貼って送った。

「翌日、リードが届いた封筒を持ってやってきました」とランドルフは回想する。「CDは破損せず、無事でした。僕らは顔を見合わせて言いました。『このアイデア、いけるんじゃないか？』[3]」

彼らは壮大なビジョンを持っていた。その完成形は、現在のNetflixのように大量のコンテンツを提供するグローバルなストリーミングサービスだった。

だが複雑で壮大なロードマップを描く代わりに、彼らは考えられるなかでもっともシンプルな一歩を踏みだした。だからこそビジョンの大きさに圧倒されることなく、先に進むことができたのだ。

最小限の機能で最大限の学びを得る

重要なプロジェクトを始めるとき、その先に待ち構えるさまざまな困難を予想して、ひるんでしまう人は多い。それを避けるには、明確な「最初の一歩」を決めることだ。たとえ最終的なゴールは遠くても、最初の小さなゴールが見えれば、先に進むことは容易になる。ただ足もとを見て、一歩踏みだしてみればいい。

最初の一歩が遠すぎると思うなら、それはおそらく一歩の大きさを見誤っているせいだ。最初の一歩を、さらに複数のステップに分割してみよう。明確で具体的で、もっともシンプルな一歩を定義できたなら、踏みだすのは簡単だ。

生産性のエキスパートであるエイプリル・ペリーは、本を片づけられなかったある女性のエピソードを語っている。[4]

部屋中に本が積み重なり、ソファーもテーブルも本に覆われ、生活するのが困難なほどになっていた。本を片づけるためには、本棚を買えばいいはずだ。ところがそのシンプルな解決策が、なぜか彼女にはとても難しかった。

「今ここにパソコンを持ってきたら、本棚を注文できますか？」とペリーは彼女にたずねた。

「ええ、そうしたいんですけど」と彼女は言った。「その前に壁のサイズを測って、どの大きさをオーダーするか決めなきゃいけませんよね」

「なるほど」ペリーは言った「じゃあ壁のサイズを測ってみましょうか」

だが女性は首を横に振る。「でも、メジャーがどこにあるかわからないんです」

そこで2人はハッとして顔を見合わせた。この女性が片づけられない原因は「メジャーを手に入れる」というシンプルなステップを特定できなかったせいなのだ。

小さすぎて見落とすほど些細なステップが、私たちの歩みを邪魔することは意外と多い。メジャーをひとつ買うだけで、その後のステップが驚くほど簡単に進むかもしれない。

近藤麻理恵の片づけの魔法は、世界中の人々をインスパイアした。ときめくものだけを手元に残し、ときめかないものを捨てるという考えは、とても魅力的だ。

ただし、いざ実行しようして、挫折したという話も聞く。なぜならこんまりメソッドは「一気に、短期に、完璧に」やる必要があるからだ。[5]

もちろん完璧にできれば、それに越したことはない。だが、最初の一歩があまりに遠すぎると、多くの人は踏みだすことをためらってしまう。

それよりも簡単なやり方がある。『ぼくたちに、もうモノは必要ない。』の著者である佐々木典士《ふみお》は、最初の一歩を「今すぐ捨てる」ことと定義する。[6]

「この本を読み通してから捨てることはない。捨てながら技術を磨くのが一番だ。たった今この本を閉じてすぐさまゴミ袋を用意したっていい。……捨てることが、すべての始まりだからだ」

これを読んで、私は佐々木のアドバイスに従ってみた。すぐに本を閉じると、インクのかすれたペンをひとつ捨てたのだ。

とても簡単だった。そして、気分がよかった。私はさらに10分間、ほかのものを捨ててみた。古い名刺、短くなった鉛筆、読まないであろう雑誌の山、いつか使うかもしれないと思っていた充電ケーブルの束。そして今、これを書きながらふと思い立ち、捨てそびれていたヘッドフォンの箱を捨てた。するとまた勢いづいて、ほかのものもいくつか捨てることができた。

最初の具体的な一歩を踏みだせば、実行するのはとても簡単だ。エフォートレスな行動にエンジンがかかるからだ。

デザイン思考の原則に、MVP（実用最小限の製品）というものがある。

『リーン・スタートアップ』の著者エリック・リースは、MVPを「最小限の努力で顧客の反応を最大限に知ることのできるバージョン」と定義する。[7] フィードバックを得るという目的に特化し、機能を最小限に抑えることで、無駄な労力を費やすことなく最初の一歩を踏みだし、顧客の求める製品をつくりあげることが可能になるのだ。

たとえばAirbnb（エアービーアンドビー）は、なんの飾りもないウェブサイトにアパートメントの写真を数点載せるという、非常にシンプルな方法でサービスを開始した。[8]

するとまもなく3人の顧客がアパートメントをレンタルしてくれた。

その顧客のフィードバックはAirbnbに、貴重な「検証による学び」を与えてくれた。

MVPはスタートアップの方法論だと思われがちだが、実はどんなプロジェクトにも応用できる考え方だ。

何かに取りかかるとき、頭の中でさまざまなシナリオを練り、ただ悩むことに多くの時間と労力を費やしていないだろうか。あるいは、全力で間違った方向に走りだし、気づいたときには多くのリソースを無駄にしていないだろうか。

MVPを取り入れれば、最小限の努力で前に進みつつ、最大限の正しい情報を得ることが可能になる。

この原則について考えるとき、私はいつもシェイクスピアの『夏の夜の夢』に出てくる「小さいけれど激しい」ハーミアを思いだす。[9] 最初の一歩はとても小さく、取るに足りないように思えるが、実は激しい力を秘めているのだ。

マイクロバーストを引き起こす

マイクロバーストとは、10分程度の短い時間に強烈な風が生じる気象現象だ。[10] 積乱雲から生じる下降気流の柱は時速100キロ近くにも達し、大木が倒れるほどの勢いで地面に打ちつける。

このマイクロバーストという言葉を、エイプリル・ペリーは10分程度の強い集中力の高まりに当てはめる。[11]

最初の一歩を正しく踏みだせば、やる気とエネルギーが強烈に高まり、マイクロバーストを引き起こす。

そして、そこからは行動を起こすたびに、エネルギーと自信がどんどん積み重なる。

重要なプロジェクト	最初の一歩	マイクロバースト
ガレージを掃除する	ほうきを見つける	ほうきで床を掃き、自転車をガレージにしまう
新製品を考案する	クラウドベースのドキュメントを開く	製品のアイデアをブレインストーミングする
大規模なレポートを完成させる	紙とペンを用意する	レポートのアウトラインを書き上げる

2・5秒が未来を変える

最新の脳科学および心理学によると、「今」として体験される時間はおよそ2・5秒。[12] 私たちはつねに2・5秒を生きているともいえる。大きな成果も、突き詰めればこの小さな現在の繰り返しだ。

2・5秒の時間があれば、私たちは注意を切り替えることができる。たとえば携帯電話を置く、ブラウザを閉じる、深呼吸をする。あるいは新しいことを始めることもできる。たとえば本を開く、ノートを取りだす、ランニングシューズを履く、引き出しからメジャーを探しだす。

同じ2・5秒で、無駄な行動をしてしまうこともある。

テック企業はこの2・5秒の重要性を心得ているため、なんとか私たちの注意を獲得しようと日々工夫を重ねている。最近のサービスがとても小さな単位で提供されるのはそのためだ。

140文字のツイッター。フェイスブックやインスタグラムの「いいね」。スクロールして一瞬で概要を把握できるニュースフィード。

それらのちょっとした動作は、とくに時間を食うようには感じない。ほんの数秒のことじゃないか、と私たちは思う。だが、そうした行動を積み重ねていると、何もやり遂げることができなくなる。無意味な2・5秒が積み重なるのだ。

重要な方向に一歩を踏みだすと、ゴールにたどり着くのは容易になる。無駄な方向に一歩を踏みだすと、ゴールにたどり着くのは困難になる。

「今」の使い方を変えれば、その後の行動は大きく変わる。

2・5秒をモノにして、最初の一歩を有利に踏みだそう。

第8章

SIMPLIFY《削減》

手順を限界まで減らす

1998年2月、ペリ・ハートマンはシアトル中心部にある4階建てのビルディングから外に出た。アマゾン創業者ジェフ・ベゾスとアマゾン最初の社員でソフトウェア開発リーダーを務めるシェル・カファンと一緒に、ランチミーティングをするためだ。3人はアマゾン本社から1ブロックほど離れた、活気あふれるマイクロブルワリーに向かった。[1]

このミーティングを呼びかけたのはジェフ・ベゾスだった。当時アマゾンのウェブサイトはまだ試行錯誤の段階にあり、購入プロセスの改善について頭を悩ませていたのだ。

注文を確定する際、当時のオンラインショッピングでは、何ページもの面倒なプロセスを踏むのが普通だった。氏名を入力し、次へを押す。住所を入力し、次へを押す。クレジットカードの種類を選び、クレジットカード番号を入力し、有効期限を入力する。さらに請求先住所を入力する。

次へ、次へと何度も繰り返すため、途中で離脱していく顧客も多かった。

ランチを食べながら、ベゾスがふいに言った。

「注文システムからいっさいの引っかかりをなくしたい。最小の努力で注文を完了させたい。何度もクリックするのではなく、一度だけですませられないだろうか[2]」

ベゾスのゴールは明確だった、とハートマンは言う。

「ステップ数が増えるほど、顧客の気が変わる確率が高くなります。ワンクリックで買えるなら、そのほうがずっと購入してもらいやすいのです」

どんなに小さな1歩も、0歩よりは煩雑だ。

オンラインショッピングが今ほど一般的でなかった時代、数々の入力画面は顧客を混乱させた。普通の買い物はレジに行ってお金を払うだけですむのに、住所やカード番号、その他さまざまな情報をいちいち入力するのは面倒すぎる。そんな手間がなく買い物ができたほうがいいに決まっている。

いま振り返れば、ワンクリック購入は当たり前の解決法だ。だが、当時はまだ誰もそんなものをつくっていなかった。ハートマンは2~3カ月をかけて顧客の動線を分析し、各ステップを簡略化するために知恵をしぼっているところだった。

「ワンクリックなど、当時はどこにもありませんでした」とハートマンは言う。「でもジェフがやりたいと言った。それなら、やってやろうと」

アマゾンはワンクリック購入で特許を取り、大きな競争優位性を手に入れた。[3] このシンプルなアイデアが長期的にもたらした価値を正確に知ることはできないが、まちがいなく巨大な金額であるはずだ。

最低限必要なステップは何か

この話で印象的なのは、ハートマンが購入の各ステップの簡略化のために何カ月も費やしながら、ステップ自体を減らすことを思いつかなかった点だ。

一つひとつの手順を小さく削るより、不要な手順を全部取り除いたほうが、手っ取り早くて効果が高い。

うちの息子は12歳のとき、14歳までにイーグルスカウトになりたいと言いだした。イーグルスカウトとは、ボーイスカウトの最高位にあたる階級で、非常に高度な達成が要求される。かなり難しい目標だが、私たちは協力してこのゴールを目指すことにした。14歳になる直前、息子はイーグルになるための最後の関門となるプロジェクトに着手していた。火事で焼けた50メートルのフェンスを、40人のチームで修復するという大掛かりなプロジェクトだ。修復作業が終わり、残すはプロジェクトのレポートを書くだけという段階で、私たちは壁にぶち当たった。

出だしは順調だった。レポートの前半はほとんどできあがっていた。だが後半に差し掛かり、私も息子も手が進まなくなった。何かが足りないような気がする。

もっといいレポートにするために、やることがまだたくさんあった。オープニングのエッセイはもっと具体的でワクワクするものにしたいし、写真を加工してプロレベルの見栄えに仕上げたい。

ハードルは上がる一方だった。ほかの少年（実質的にはその親だが）が何百時間もかけて仕上げたプロジェクトを目にしたのも、よくなかった。

もっと努力しなければ、到底そのレベルまでたどり着けない。困難な作業を前にして、私たちは一歩も進めなくなった。まったく進捗がないまま、日々が過ぎていった。

そんな日々が2週間ほどつづいた頃、私はある組織のプロセス簡略化の仕事に当たっていた。リサーチをしながら、ふとボーイスカウトのことが頭に浮かんだ。

私たちはレポートを書くという仕事を、必要以上に難しくしすぎているのではないか。あまりに手順を増やしすぎて、どの手順にも手をつけることができなくなってしまったのではないか？

ここは一歩下がって、こう問うべきだと思った。

「この仕事を完了させるために、最低限必要な手順はなんだろう？」

本当は立派なバインダーも必要なければ、大量の写真も必要なかった。写真1枚1枚に丁寧な説明をつけて、凝ったレイアウトを考える必要もなかった。オープニングのエッセイだって、文豪のように凝ったものを書く必要はまったくないのだ。

息子と私は手順を限界まで削り、次のような目標にたどり着いた。

「短いフレーズまたは引用を20個用意する。それを印刷する。切り分けて、のりで貼る。適当なカバーを印刷する。3つのセクションを用意する。与えられた質問に答えるだけの、きわめて簡潔なエッセイを3ページ書く。それをボーイスカウトのオフィスに持参して提出する」

これだけでよかったのだ。

手順を減らした結果、息子のプロジェクトはこれまで苦労していたのが嘘のように順調に進みはじめた。そして14歳の誕生日を迎える1週間前、息子は見事イーグルスカウトに昇格することができた。

完了するために最低限必要なステップは何か?

どんなプロジェクトでも同じだ。

あまりにも仕事が煩雑すぎて圧倒されてしまうときは、次のシンプルな質問をしよう。

誤解のないように言っておくが、必要最小限のステップを見極めることは、「手を抜く」ことや「品質を落とす」こととは違う。

不要なステップは、単に不要なのだ。

不要なステップを排除すれば、重要なプロジェクトに全力を注ぐことができる。

どんな分野にもいえることだが、価値のない余計なものを付け加えるよりも、完成させるほうがはるかにいい。

完成させることは、それだけでも誇れることだ。

成功したいなら、まず終わらせろ。

必要以上の努力は誰のためにもならない

私の子ども時代の親友は、私より少ない時間しか勉強しないのに、いつも私よりいい成績を取っていた。なぜか？

先生が何かをやれと言ったら、言われたことだけをやる。それだけだ。

私はそうではなかった。必要以上に資料を読み、言われていないことまで調査した。余計なことをやるのに忙しく、肝心のタスクが終わらないことも多かった。

重要なことで「もうひと頑張り」するならいい。たとえば外科医が、傷口の感染を防ぐために念入りな処置をするのは大事なことだ。

だが必要ないのに、表面的な装飾を加えるとなると、話は別だ。

私自身は、こういうルールにしている。

Xを頼まれた場合、Yをする必要はない。

たとえばプレゼンテーションを頼まれたとき、動画や派手なグラフィック、何ページにもわたるデータを使ってスライドをつくる必要はない。延々とつづくスライドや、画面に文字がぎっしり詰まったスライドにうんざりした経験は誰にでもあるはずだ。
あなたがつくりたいのは、そんな体験なのだろうか？

伝説的な企業再生を成し遂げたＩＢＭのエピソードは示唆的だ。当時ＣＥＯに就任したばかりのルイス・ガースナーは、経営幹部のニック・ドノフリオに会社の現況報告を依頼していた。そのときの様子をガースナーは次のように語る。[4]

「当時、ＩＢＭの重要な会議では、オーバーヘッドプロジェクターとＯＨＰシートを使ったプレゼンテーションをおこなうのが暗黙のルールでした。ニックが２枚目のシートに取りかかろうとしたとき、私はテーブルに歩み寄り、できるだけ失礼のないように、そっとプロジェクターのスイッチを切りました。気まずい沈黙がつづいたあと、私は言いました。『さて、仕事の話をしましょう』」

仕事の話をする。それがプレゼンの目的であるはずだ。

今度レポートを書いたりプレゼンをするときは、余分なものを付け加えたい誘惑に打ち勝ってほしい。余分なものは、自分にとっても聴衆にとっても、邪魔にしかならない。

私がプレゼンをするときには、スライドの枚数６枚、１枚あたりの文字は10単語以下を目安にしている。

必要以上の努力が、重要な成果につながることはほとんどない。
頑張りすぎて挫折するより、最低限やるべきことを終わらせよう。

ゼロから始める

アップル社の優秀なプロダクトデザイナーたちは、スティーブ・ジョブズをあっと言わせるつもりでいた。彼らのデザインしたiDVD（音楽や動画、写真をDVDに書き込むアプリ。現在は廃止されている）は、美しくクリーンなデザインで、多機能ながらシンプルな操作性が自慢だった。もともとは1000ページもの取扱説明書を必要とする代物だったが、削りに削ってユーザビリティを向上させたのだ。

ところが、ジョブズの反応はいまひとつだった。

ジョブズはホワイトボードに歩み寄り、四角をひとつ描いた。

「これが新しいアプリケーションだ。ウィンドウがひとつ。動画をウィンドウにドラッグする。そして『作成』ボタンをクリックする。以上。そういうものをつくるんだよ[5]」

ミーティングに参加していたプロダクトデザイナーのマイク・エバンジェリストは、すっかり圧倒された。「あのとき用意したスライドを今でも持っていますが、とんでもなく複雑なんです」と彼は言う。振り返ってみてはじめて「余分なあれこれが邪魔でしかなかった」と気づいたそうだ。

彼がその体験から学んだのは、デザインのプロセスを逆転させなくてはならないということだった。当時のデザインチームは、ひどく複雑な製品からスタートし、それを小さくしようとした。だが、ジョブズはその逆を行った。ゼロからスタートして、「最低限必要なステップは何か」と考えたのだ。

私たちは複雑なプロセスに慣れきっていて、それを疑うことを忘れがちだ。たとえば本書の執筆中に、私はポッドキャストを立ち上げた。ゲストとリモートで対談し、それを録音して配信するものだ。

最初に用意していたゲスト向けの説明は、次のような15のステップで構成されていた。

1　次の認証情報を使って、Zencastr.com にログインします。
2　ユーザー名：XYZ
3　パスワード：ABC
4　開始時間の少し前に Zencastr からメールが届きます。記載されているリンクをクリックしてください。
5　音声品質を確保するために、Chrome のプロンプトが表示されたら、Zencastr からの通知を許可してください。

6　ステップ3をスムーズにおこなうため、Zencastr をブックマークに登録してください（Chrome のＵＲＬバーの右側にある星のアイコンをクリック）。
7　マイクのテストを実行し、正常に動作することを確認してください。
8　マイクに問題がある場合は、サウンドバーの中央下にある自分の名前が表示されたタブをクリックして問題を確認し、リンクをクリックしてトラブルシューティングをおこないます。
9　私の声が聞こえ、Zencastr で会話ができることを確認してください。
10　私がメールで送った Zoom のリンクをクリックしてください（カレンダーの招待にも表示されます）。
11　Zoom が立ち上がったら、すぐに Zoom のマイクをミュートしてください。
12　Zoom のビデオを有効にしてください。
13　私が Zencastr と Zoom の録画ボタンを押しますので、両方に録画アイコンが表示されていることを確認し、私と一緒に拍手をするテストをしてください。
14　さて、トーク開始です。
15　完了したら、ウィンドウを閉じる前に Zencastr からログアウトしてください。

おわかりのように、読むだけでも大変だ。

こんなものをゲストに実行してもらうわけにはいかない。

そこで私は、ゼロから始めることにした。

「Zencastrで話をするために、最低限必要なプロセスは何か？」

この問いに答えることで、次のプロセスが完成した。

1　開始時間前になるとZencastrからメールが届きます。メールに記載されたリンクをクリックしてください。
2　録音が開始されます。あとは会話をするだけです。

これだけだ。たった2つの簡単なステップでよかったのだ。

あまりに手順が多すぎて混乱しているプロジェクトがあるなら、ゼロから始めてみよう。ゴールにたどり着くためのステップ数は、少なければ少ないほどいい。

やらないことを最大限に増やす

2001年2月、ユタ州のワサッチ山脈にあるスキーリゾートに17人の先進的なソフトウェア開発者が集まった。彼らはリラックスした雰囲気でスキーや食事を楽しみ、ソフトウェア開発について話し合った。

その週末の会話から生まれたのが、有名な「アジャイルソフトウェア開発宣言」だ。[6]

アジャイルソフトウェア開発宣言は、ソフトウェア開発の無駄や難解な部分をなくし、効率的によりよいソフトウェアをつくるための原則をまとめた文書である。

その原則のひとつは、「シンプルさ（やらないことを最大限に増やす技術）が本質だ」。ソフトウェア開発の目的は顧客のために価値を創造することだが、より少ないコードと機能で実現できるのであれば、絶対にそうすべきなのだ。

この原則はソフトウェア開発だけでなく、日常のあらゆるプロセスに適用できる。

「やらないことを最大限に増やす」にはどうするか、を考えればいい。

言い換えれば、最終的な目標が何であれ、価値を生みだすステップだけに集中すべきだということだ。無駄な手順には機会コストがかかる。本質的でないステップを取り除けば、そのぶん本質的なことに使える時間やエネルギー、脳のリソースが増える。

実際にやってみると、一見複雑に見えるタスクが、わずか数ステップで達成できることに驚くだろう。

スポーツライターのアンディ・ベノワに言わせれば、天才は「複雑なものを分解するのではなく、気づかれていない単純なものを利用して成功する」のだ。[7]

第 9 章

PROGRESS《前進》

よい失敗を積み重ねる

１９５９年、イギリスの実業家ヘンリー・クレーマーは、誰もが人力飛行機を利用できる未来を夢見ていた。[1]

その夢をなんとしても実現しようと考えた彼は「クレーマー賞」を創設し、独力で操縦可能な人力飛行機を設計した人に多額の賞金を出すことにした。

最初のゴールは、８００メートル離れた2本の鉄塔の周りを8の字を描いて飛行すること。これを最初に達成したチームには賞金5万ポンドが与えられる。もうひとつのゴールはイギリス海峡を単独で横断すること。こちらには10万ポンドの賞金が与えられることになっていた。

当時の航空技術の進歩を考えれば、空飛ぶ自転車は現実的な目標だった。

ライト兄弟がノースカロライナ州キティホークの海岸を飛行してから半世紀、大西洋無着陸横断飛行からは40年が経っていた。10年前にはチャック・イェーガーが音速の壁を突破した。人類の月面着陸まで、わずか10年という時期だ。それなのに、人力で空を飛ぶというゴールは、17年以上のあいだ多くの優秀なチームを挫折させつづけていた。

そこに登場したのが、ポール・マクレディだ。

多額の借金を抱えていたマクレディには、チームと呼べるものは存在しなかった。友人と家族に協力を頼み、息子にテストパイロットをやらせた。

競争相手たちは豊富な資金とスタッフを集め、「大きく、複雑で、エレガントな飛行機」をつくっていた。大きな翼、精巧な木のリブ、金属やプラスチックの重厚なケーシング。それでも「賞を得るには到底およばない」レベルにとどまっていた。

マクレディにはそれが不思議だったが、ふいに気づいた。

彼らはみな、間違った問題に取り組んでいたのだ。

本当にやるべきことは、高性能でエレガントな機体をつくることではなく、「どんなに醜くてもいいから」軽量な飛行機をつくることだった。[2] 墜落したってかまわない。

肝心なのは「修理・修正・変更・再設計をすばやくやる」ことだ。そのために、もっと簡単にできる方法があるはずだった。

マクレディと彼の息子は、自然界でもっともシンプルで空気力学的に優れたメカニズムに学ぶことにした。鳥の飛翔だ。すぐにモデルの製作に取りかかり、2カ月後には「ゴッサマー・コンドル」の最初のバージョンを飛行させた。重さはわずか25キロで、見た目はかなり素人っぽいものだったが、それも計算通りだった。

「着陸時に墜落しても、ほうきの柄とガムテープを用意して貼りつければ、5分で飛行可能になります」とマクレディは言う。「ほかのチームの凝った飛行機は、事故が起きれば半年は飛べなくなる。我々のチームはそのあいだに飛びつづけ、飛行経験をたっぷり積むことができたのです」

マクレディのチームは、わずか3カ月ほどのあいだに222回の飛行をおこなった。時には1日に数回飛んだ。圧倒的な試行回数だった。

223回目のフライトで、ゴッサマー・コンドルは8の字飛行に成功し、第1回クレーマー賞を受賞した。その2年後、マクレディは改良モデル「ゴッサマー・アルバトロス」でイギリス海峡横断に成功し、ふたたびクレーマー賞を受賞した。

マクレディの達成は、単に飛行技術でブレイクスルーを起こしたことではない。彼のもっとも重要な洞察は、優雅さや精巧さにこだわると、かえって進歩の妨げになるということだった。

どんどん墜落させて、修理して、再設計できる醜い機体をつくったほうがいい。そうすれば本当に重要な進歩が容易になる。

マクレディの言葉を借りれば「左に曲がり、右に曲がり、飛行の最初と最後に十分な高さを得る」ことだけに集中できるのだ。

あなたが重要なことを追求するときも、最初から完璧を目指さないほうがいい。「どんなに醜くても」いいから、手軽に失敗して修正できるようなモデルをたくさんつくろう。そうすれば本当に重要なことを学び、最短ルートで成長できる。

ゴミから始める

多くの人は、創造のプロセスを誤解している。

優れたものや美しいものを見ると、最初からベビーヨーダのように完成形で生まれてくると考えがちだ。だが、実際はまったく異なる。

ピクサーの元CEOエド・キャットムルは、「なんでも最初は醜いものだ」と言う。[3]「ピクサーの作品だって、最初は見られたものではない」

キャットムルによると、どんなストーリーも最初は「ぎこちなく、不恰好で、脆弱で、不完全」だ。だからこそ、彼はそのような「ゴミ」を受け入れる土壌を整えてきた。

何百ものひどいアイデアがなければ、ウッディとバズはけっして生まれないからだ。「ピクサーは、監督の醜い赤ちゃんを守るために設立されたのだ」と彼は言う。

製薬会社のファイザーでは、イノベーションを促進するためのプログラムを採用している。[4]

プログラムは7つの具体的な行動方針からなる。たとえば「フレッシュ」は新しい場所でアイデアを見つけること。「プレイフル」は子どものような遊び心と好奇心を持つこと。「グリーンハウジング」はどんなにくだらないアイデアでも、批判しないで大事に育てることを意味する。

完璧主義の人は「ゴミから始める」というやり方に抵抗があり、あらゆるプロセスで高い完成度を求めがちだ。だがその基準は現実的ではないし、生産的でもない。

「外国語を学ぶぞ」と決意した人の多くが挫折するのは、間違えるのが恥ずかしいからだ。最初から完璧でありたい、少なくとも恥をかきたくないと思っているのだ。

スペイン語を教えている私の友人は、少し違った見方をする。

スタンフォード大学のロースクールで博士号を取得し、プリンストン大学でも博士号を取得した優秀な彼によれば、間違いこそが言語学習を加速させるというのだ。

「1000個のビーズが詰まったバッグを持っていると想像してみてください。外国語で人と会話するとき、間違えるたびにビーズをひとつ取りだします。袋が空になれば、レベル1の達成です。早くたくさん間違えれば、それだけ上達も早くなります」

何か新しいことを学びたいと思いながら、難しくて怖気づいていないだろうか。習得すれば生活や仕事に大きな価値があるとわかっているのに、道のりが長すぎてあきらめていないだろうか。

そんなときは「ビーズの袋」を自分なりにアレンジして、なるべく多く失敗することから始めてみよう。

失敗なくして習得はありえない。恥をかくのを恐れていたら、何も学べない。

たとえば私は最近、オンラインのコースを履修することにした。

試験に合格するためのひとつのアプローチは、山のような講義資料を丹念に読み、ビデオを見て詳細なノートを取り、すべてを暗記し、小テストでつねに満点を取ることだった。だが、それではあまりにも大変すぎる。小テストを数回やった段階で力尽きて、試験までやる気が持たないかもしれない。

そこで私はなんの準備もせずに、ひとまず小テストを受けることにした。早く間違えれば、早く正解を知ることができる。すでに知っていることに時間とエネルギーを費やすのではなく、どこがわからないかを確認して、そのことだけに集中したほうがいい。はじめのうち、小テストの点数はひどいものだった。だが失敗から学び、繰り返しテストを受けるうちに、点数はだんだんマシになった。

そして無事に、最短距離で、試験に合格する実力を身につけることができた。

学習サイズの失敗を積み重ねる

あえて失敗するのは、勇気がいることだ。失敗は怖いし、傷つく。

失敗した場合の影響が大きければ、それだけ大きな勇気が必要になる。私たちの勇気は無限ではないので、なるべく安く失敗を経験したほうがいい。

妻のアンナと私は、子どもたちに早くからお金の失敗を経験させることにした。大人になってから全財産で失敗するよりも、8歳や10歳でお小遣いを使って失敗するほうがずっといい。

私たちは、子どもたちに3つのガラス瓶を与えた。それぞれ慈善用、貯蓄用、消費用の瓶だ。子どもたちはお小遣いをもらったら、自分で好きな瓶に入れる。親はいっさい口出しをしない。自分で決めることに意味があるからだ。

息子は以前、40ドルを貯めて電動レーシングカーを買ったが、あとになって後悔した。本当はレゴの大きなセットがほしかったのに、待ちきれずに使ってしまったのだ。現在、ティーンエイジャーになった息子は、数千ドル規模の奉仕活動のためにお金を貯めている。今度は後悔することはないだろう。リスクが低いうちに、失敗から学ぶことができたからだ。

この種の失敗を、私は「学習サイズの失敗」と呼んでいる。子どもたちにはなるべくダメージが少ないうちに、よりコストの少ない方法で失敗し、学んでほしいものだ。

重要なことを無理なく進めるためには「学習サイズの失敗」をどんどんやったほうがいい。別に、質の悪い仕事をしろというのではない。「すべてを完璧にしなければ」という不条理なプレッシャーから解放されようという意味だ。

PayPalの創業メンバーでLinkedInの共同設立者でもあるリード・ホフマンは、かつてチームに参入したばかりのベン・カスノーカに言った。[5]

「速く動くためには、多少の失敗はつきものだ。10～20%の失敗率なら問題はない。速く動けるほうが大事だ」

カスノーカはそのときのことを、こう振り返る。

「この比率を意識すると、自信を持って意思決定することができました。心がいっぺんに解放されたようでした」

リード・ホフマンは、起業やビジネスにおいても同じ哲学を貫いている。最初にリリースした製品が恥ずかしくないとしたら、それはリリースが遅すぎたということだ。

あるいはこう言ってもいい。

「製品のリリースについていえば、不完全こそが完璧だ[6]」

最初から偉大だったものはない

安く失敗するためのもうひとつの方法は、頭の中の手厳しい批判から自分のゴミを守ることだ。

サーブがネットにかかったことで自分を責めるのではなく、そもそも自分がコートに立っていることを喜ぼう。

小さなミスで自分を卑下するのではなく、次は同じミスをしないという事実を誇りにしよう。

大事な挑戦をしていて自信がなくなったときは、歩きはじめたばかりの幼児に語りかけるように、自分に語りかけてみよう。

「だいじょうぶ、あなたは最初の一歩を踏みだした。今は心許《こころもと》ないけれど、とにかく始めた。だから、きっとたどり着ける」

そしてどんな偉大な業績も、最初はゴミみたいなものだったということを思いだそう。最初から偉大だったものなどないのだ。

アイルランドの劇作家、ジョージ・バーナード・ショーはかつてこう言った。[7]

「間違いを犯して過ごす人生は、何もしないで過ごす人生よりも立派であるだけでなく、より有益である」

「ゼロドラフト」のアプローチ

本を書くのが自分の使命だ、と感じている人たちにこれまで多く会ってきた。

ところが、彼らはたいてい第1章の最初のドラフト（下書き）を書く前に挫折する。最初から美文でなければならない、下手な言葉を書いてはならない、と思い込んでいるからだ。完璧を求めるあまり、いつまでたっても書きはじめることができないのだ。

そんな人には「ゼロドラフト」というアプローチをおすすめしたい。雑すぎてドラフトの最初のバージョンとも呼べないような、バージョンゼロの草稿を書いてみるのだ。

ゼロドラフトのコツは、とにかくなんでも書くこと。下手くそでも全然かまわない。どうせ誰にも見られないし、誰からも批判されない。すばらしい作品に仕上げようなどと考えなくていい。ただページに言葉を連ねるだけだ。

そうやって書いてみると、創造力が驚くほど簡単に湧きあがってくる。

アメリカの詩人マヤ・アンジェロウは言う。

「書くときは、ただ書いている。そうすると、こいつは本気だなと詩の女神が気づいてくれるのです。『はいはい、いま行きますよ』と」

ブッカー賞作家マーガレット・アトウッドは、これまでに19冊の長編小説、18冊の詩集、10冊のノンフィクション、8冊の短編集、8冊の児童書を出している。数十年にわたり意欲的に書きつづけるアトウッドは、かつてこう言った。[8]

「ひとつの言葉、言葉、言葉がつらなり、力になる」

たとえ拙《つたな》い言葉でも、ただの白紙よりは力がある。

拙い言葉を書きはじめなければ、名作はけっして生まれない。

最初から完璧なものをつくろうとして気が重くなっているなら、単純にハードルを下げてみよう。本を書くのも、曲をつくるのも、絵を描くのも同じだ。

くだらないものをつくる勇気が、インスピレーションを呼び込んでくれる。
不完全さを受け入れ、ゴミをつくる勇気を持てば、私たちは始めることができる。
そして一度始めれば、だんだんマシなものができてくる。
そしていつかゴミの中から、あっと驚くようなブレイクスルーが生まれてくるはずだ。

第10章

PACE《上限》

早く着くために、ゆっくり進む

20世紀初頭、南極点への到達は人類の大きな目標だった。[1]

古代ギリシャの探検家ピュテアスから大英帝国の海軍まで人々は世界中を旅してきたが、いまだかつて南極点に到達した者は誰もいなかった。

１９１１年11月、イギリスの軍人ロバート・スコットと、ノルウェーの「最後のバイキング」ロアール・アムンセンとのあいだで南極点到達レースが開始された。

両者はほぼ同じ日程で、生死をかけたレースに出発した。一方のチームは勝利して帰還し、もう一方のチームは二度と帰還しなかった。

彼らの日記を読むと、２つのチームの様子はあまりに異なっていて、同じ条件で同じ旅をしていたとは信じがたいほどだ。

スコットは、天気がいい日には、チームが疲れ果てるまで前進をつづけた。悪天候の日には、テントにこもって日記に不満を書き綴った。ある日の日記にはこう書いてある。「我々の天候の不運ときたら、まことに不合理だ。先に旅立った者はもっと天候に恵まれていたに違いなく、苦々しく感じざるをえない」。別の日にはこう書いた。「このような天候で旅ができる者がいったいどこにいるというのか？」

しかし、同じ天候でもアムンセンのチームは着実に進んでいた。ある悪天候の日、アムンセンは日記にこう書いた。

「吹雪に凍傷、つらい１日だった。それでも13マイル、目標に近づいた」

１９１１年12月12日、アムンセンのチームは南極点まで45マイルという、これまで誰も来たことのない場所まで到達した。６５０マイルの過酷な道のりを経て、南極点まであと一息というところまでやってきたのだ。

その日は天候にも恵まれていた。アムンセンは日記にこう書いている。

「道はこれまでになく順調だ。天気はすばらしく、穏やかで日差しもある」

理想的な条件がそろっていた。一気に突き進めば、１日で南極点に到達することも可能だったろう。

だが、彼らが南極点に到達したのは３日後だった。なぜか？

アムンセンは出発したときから、毎日正確に15マイルずつ前進することに決めていた。それ以上でもそれ以下でもなく、きっちり15マイルだ。雨が降ろうが晴れようが関係ない。ゴールが目前でも、一気に進んだりしない。

どんな日も15マイルを超えることはけっしてなかった。

スコットが「凍った日」にだけ隊員を休ませ、天候のいい日には隊員を「非人道的なほどにこき使った」のとは対照的だ。アムンセンは十分な休息を取ることにこだわり、南極点にたどり着くまで一定のペースを保ったのである。

このシンプルな違いのおかげで、アムンセン隊は南極を制覇し、スコット隊は全員が死亡した。

南極点到達レースの本を書いたローランド・ハンフォードによれば、アムンセンのチームが「大きな苦労もなく」目的地に到達できた秘訣は、一定の持続可能なペースを設定したことに尽きるという。

なんの苦労もなく人類初の偉業が達成されたというのは言いすぎかもしれない。もちろん、楽な日ばかりではなかっただろう。だが過酷な状況下でも、彼らには実行可能なゴールがあった。

「1日15マイルを超えない」というシンプルなルールのおかげで、無理をせず進みつづけることができたのだ。

1911年12月14日、アムンセンのチームは人類史上初の南極点到達を果たした。そして無事に、1万6000マイルの帰路についた。

一方、疲労困憊《こんぱい》したスコットのチームは、34日遅れで南極点にたどり着いた。帰り道はさらに悲惨だった。体力はとうに限界に達し、ひどい凍傷に侵され、5人全員が凍死してしまったのだ。死を悟ったメンバーは、いつ読まれるかわからない手紙を友人や家族に向けて書き綴った。

全力疾走はリスクが大きい

最初から大きすぎるゴールを設定すると、すぐに疲れる。疲れて休んだら、遅れを取り戻さなくてはと焦ってさらに頑張り、どんどん疲弊する。

悪循環にはまり込むのだ。

私の友人は、なんとかビジネスプランを書き上げたいと思っていた。そこである週末、1分も無駄にせずビジネスプラン作成に打ち込むことにした。なんとかやりきったが、直後に彼女はすっかり燃えつきてしまった。もうビジネスのことを考えることさえできなかった。何もできないままに数週間が過ぎていった。

「やろうとすると、頭がシャットダウンしてしまうんです」と彼女は語る。

10代の頃、私は生まれ育ったイギリスのヨークシャーでおこなわれる3マイルのクロスカントリーレースに出場した。当日はひどく緊張していた。両親と祖父母が見守るなか、私はスタートラインに立った。

準備が不十分だったとはいえ、計画通りにやればうまくいくはずだった。ゆっくりスタートして徐々にスピードを上げ、ほかのランナーを後ろから追い越していく、そんな走り方が好きだった。

ところが、私は緊張に負けてしまった。計画を無視して、ほかのランナーと一緒にゲートから飛びだした。最初の100ヤードは全力でダッシュし、100ヤードを過ぎたところで、息を切らして進めなくなった。

なんとか立ち直ったが、ダメージは大きかった。遅れを取り戻すことはできず、60人中57位という結果に終わった。ショックだった。

そのときに失ったのは、一度のレース結果だけではなかった。あまりに屈辱的だったため、私はクロスカントリーをすっかりやめてしまったのだ。

重要なゴールに向かうときには、最初から全力で走りだしたくなるものだ。だが、最初から急ぎすぎると、息切れして結果的には遅くなってしまうことが多い。

好調と不調の波に身をまかせるのは危険だ。速く走れた日には疲れ果て、走れなかった日には後ろめたさを感じ、往々にしてイギリスの南極探検隊と同じ運命をたどることになる。心身はボロボロなのに、ゴールには一歩も近づけないのだ。

幸いなことに、もっといいやり方がある。

エフォートレスなペースを見つけることだ。

やることの上限を決める

本を書きたいと思いはじめた頃の私は、やる気と情熱に満ちあふれていたものの、一貫性がなかった。書く日もあれば、書かない日もあった。書くことについて延々と話している日もあった。

一方、私の友人のミュージシャンは、自分の音楽についての本を書こうと決めていた。彼女は多作なミュージシャンで、3000曲以上、101枚のアルバム、9つのカンタータをすでに作曲していた。[2]

彼女の音楽は世界中で紹介され、大統領就任式やオプラ・ウィンフリー・ショーでも取り上げられた。彼女が長年コツコツと成し遂げてきた成果は圧倒的だった。

しかし、彼女に本を書くことができるのか？

蓋を開けてみると、執筆においても彼女は非常に優秀だった。内容は自分の曲から100曲を選び、それぞれの曲にまつわるストーリーを語るというものだった。

「無理がないように」週に2本のペースで書き、それ以上はけっして書かなかった。たとえもっと書きたいという気持ちがあっても、その週の仕事はやめてしまうのだ。彼女は週に2本というペースを守り、9カ月後にはすっかり完成させて、原稿を出版社に送った。

一方、私はまだ書いたり書かなかったりをつづけるばかりで、何も完成させられていなかった。

気分が乗っているときに作業をやめるのは、直感に反するように思えるかもしれない。だが実際には、そうした自制心こそが飛躍的な生産性の鍵なのだ。

18冊ものベストセラー小説を書いたリサ・ジュエルは言う。[3]

「自分のペースを守りましょう。書くペースを上げすぎると、脱線して道を見失います。たまにしか書かないでいると、勢いがなくなります。1日1000ワード程度がちょうどいいペースだと思います」

元トライアスロン選手のベン・バーガロンは、イギリス最強のアスリートたちをコーチしている。[4] クライアントからの要求があれば、時間外労働をする体力がないわけではない。しかし、仕事でもプライベートでもすぐれたパフォーマンスを維持するために、彼はあるルールを守っている。

「午後5時25分にオフィスを出る」というルールだ。

暇な日は5時25分にオフィスを出る。忙しい日は、それでも5時25分にオフィスを出る。たとえ会議中であっても、5時25分になったら、すぐに立ち上がってドアに向かう。迷う余地さえない。周囲の人たちも慣れたもので、話を打ち切られても気にしない。午後5時25分が彼の限界だと知っているからだ。

南極探検でも、執筆でも、仕事でも変わらない。

エフォートレスなペースで進める最善の方法は、上限をしっかりと決めることだ。

ゆっくりはスムーズで、スムーズは速い

大事な目標があるとき（原稿を完成させる、5キロマラソンに出場する、新製品をリリースする）、なるべく早く達成したいと感じるのは自然なことだ。あまり進まない日よりも、進んだ日のほうが誰だってうれしい。達成感は人生の大きな喜びだ。

だが進歩というのは、2倍頑張れば2倍進むという単純なものではない。

まとめて頑張ったからといって、同じ成果が得られるとはかぎらないのだ。

うちの娘は鶏の世話を担当したとき、このことを身をもって学んだ。

娘の仕事は、卵を集めたり、餌をあげたり、水をあげたりすることだ。

「毎日休まずやるんだよ」と言い聞かせていたのだが、娘は3日に一度まとめてやっても別に同じじゃないかという結論に達した。2日サボっても、そのあと3日分の卵を集め、餌と水を3日分置いておけばいいと考えたのだ。

ところが、それから急に暑さがやってきて、鶏たちの水を飲む量が増えた。残った水もいつもより早く蒸発した。暑さと水分不足のために、鶏が1羽死んでしまった。

娘はひどく落ち込んだ。

人生の多くのことは、自分ではコントロールできない。天候は突然変化する。山火事やハリケーン、あるいは新型コロナウイルスがいきなりやってくる。子どもは急に風邪をひくし、車は予期せぬときに故障するし、友人が泣きながら駆け込んでくることもある。

いつ予定が狂うかわからない状況で、どうすれば安定したペースを保てるのだろうか。

冷戦終結以降、軍は世界情勢をＶＵＣＡ（ブーカ）と呼んでいる。[5]

ＶＵＣＡとは、不安定（Volatile）、不確実（Uncertain）、複雑（Complex）、曖昧（Ambiguous）の頭文字をつなげたものだ。この新たな常態に対応すべく、日々の戦場で重要なことをより簡単におこなうためのアプローチが開発された。

そのひとつが「ゆっくりはスムーズで、スムーズは速い」というやり方だ。

ゆっくり動けば、ものごとはスムーズになる。ものごとがスムーズであれば、より速く動ける。

これがとくに当てはまるのは、いつ攻撃されるかわからない戦場で、武器を携行しながら協調して行動する状況だ。

動きが遅れると、格好の標的になる。逆に動くのが速すぎても、敵に包囲される恐れがある。

「優れた兵士の動きをよく見ると、次のようになっています」とコンサルタントのジョー・インドヴィックは言う。[6]「歩きと走りの中間のような動きで、すばやくも慎重な足取りです。武器を構えながら、リズミカルに戦場の全方向に視線を走らせます」

一方、経験の浅い兵士はやる気満々で飛びだし、いかにも勢いのある印象を与えることが多い。だがその場合、危険にさらされると、目についた場所にあわてて身を隠さなくてはならない。きちんと確認する余裕がないので、不利な場所に行き着いてしまうこともある。

「ウサギとカメの寓話と同じです。長期的に見た場合、全力疾走はけっして早く着く戦略ではありません。未知の脅威にさらされるリスクも高まります」

ゆっくり進めば、ものごとはスムーズになる。観察し、計画を立て、力の配分を考えることができる。ただし、ゆっくりしすぎると、行き詰まったり勢いを失ってしまう。

重要なプロジェクト	下限値	上限値
半年以内に『レ・ミゼラブル』を読み終える	1日5ページ以上読む	1日25ページを超えない
その月の売上目標を達成する	営業電話を1日5回以上	営業電話は1日10回以下
1カ月間、毎週、家族に電話する	必ず5分以上話す	けっして1時間以上は話さない
オンラインコースを修了する	毎日かならずログインする	1日の学習時間は50分以内
本の原稿を完成させる	1日に500語以上書く	1日1000語を超えない

戦場だけでなく、人生や仕事でも同じだ。日々、複雑で不確実な状況に遭遇しながらも前進するためには、適切な範囲を選択し、その範囲内で行動する必要がある。

どんなに周到な計画を立てていても、思わぬ邪魔は入るものだ。

午前中はデスクワークをしようと思っていたのに、気がつけばミーティングしかしていない。仕事に集中する時間をカレンダーに記入していたのに、子どもが泣きだして仕事にならない。

なんとか進捗を取り戻そうと週末まで必死に働くが、かえって仕事の質は低下し、罪悪感が増し、自信を失ってしまう。

それよりも、もっと簡単な方法がある。上限と下限を設定すればいいのだ。

「X以上、Y以下」というシンプルなルールを設定し、必ずその範囲に収めよう。

適切な範囲を見つければ、安定したペースで前進することができる。

下限は、モチベーションを維持できる程度には高く、予想外のトラブルが起こっても達成できる程度の低さにしよう。

上限は、順調に進んでいると感じられるくらいには高く、しかし疲れてしまわない程度の低さにしよう。リズムに乗れば、作業は流れるように進みだし、エフォートレスな行動が実現できる。

PART 2のまとめ　エフォートレスな行動

エフォートレスな行動とは何か	・エフォートレスな行動とは、より少ない努力でより大きな成果を出すことだ。先延ばしにするのをやめて、最初の一歩を上手に踏みだす。考えすぎず、楽に行動する。無理やりにではなく、自分のペースで前に進む。そうすれば頑張りすぎず、余裕で成果を出すことができる。
DEFINE （目標） **ゴールを明確にイメージする**	・プロジェクトに着手する前に、まず「完了」のイメージを明確にする。 ・完了といえる明確な条件を設定し、そこにたどり着いたら終了する。 ・1分間、心を集中させる。 ・「今日の完了」リストをつくる。
START （発動） **はじめの一歩を身軽に踏みだす**	・もっともシンプルな行動から始める。 ・やるべきことを分解し、最小のステップに落とし込む。そのステップに名前をつける。 ・MVP（実用最小限の製品）から最大限の学びを得る。 ・10分間のマイクロバーストでモチベーションとエネルギーを高める。

SIMPLIFY （削減） **手順を限界まで減らす**	・各ステップを単純化するのではなく、不要なステップをなくす。 ・必要のない努力をしない。 ・やらないことを最大限に増やす。 ・最小単位で進捗を測る。
PROGRESS （前進） **よい失敗を積み重ねる**	・「ゴミ」から始める。 ・「ゼロドラフト」に取り組む。どんなにくだらない言葉でも気にせず書く。 ・安く失敗する。学習サイズの失敗から学ぶ。 ・頭の中の手厳しい批判から自分のゴミを守る。
PACE （上限） **早く着くために、ゆっくり進む**	・エフォートレスなペースを設定する。 ・ゆっくりはスムーズで、スムーズは速い。全力疾走が速いわけではないと理解する。 ・X以上、Y以下というシンプルな範囲を遵守する。 ・まとめて一気に頑張っても、同じ成果が得られるとはかぎらない。

PART 3

エフォートレスのしくみ化

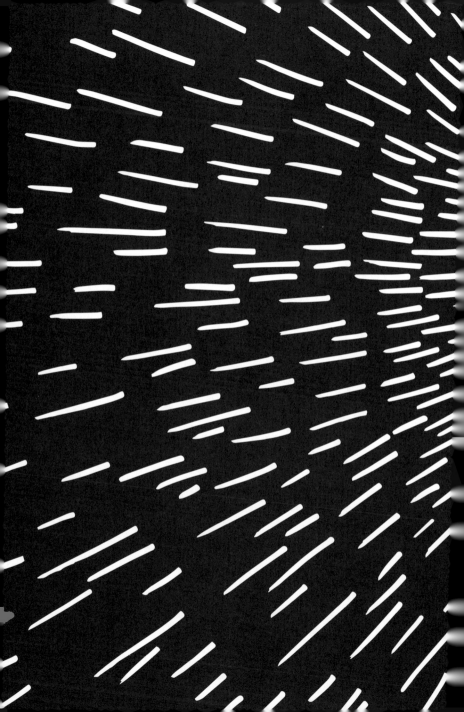

スティーブ・ナッシュは、NBA歴代1位のフリースロー成功率を誇る元バスケットボール選手だ。キャリア通算のフリースロー成功率は90・43%。ちなみにエリート選手の平均が70～75%である。

なぜそんなにうまいのか？　最近ナッシュを取材したある記者は、こう表現する。

「彼のシュートを見ていると、まるで驚くほど精巧につくられたオートマトンの動きを見ているようだ。人間とは思えない精密さで体が動く。練習風景を見せてもらったが、あまりにも正確に狙いが定まっているため、ある時点ではボールを取るために動く必要すらなかった。ボールはきれいにリングを通過すると、何度でもまるで磁力で吸い込まれるように彼のもとに跳ね返ってくるのだ」

これが、エフォートレスのしくみ化だ。つまり、努力して一度だけ結果を出すのではなく、余裕で何度でも結果が出る状態である。

ひとつのインプットがひとつのアウトプットを生むとき、それは直線的な成果だ。毎朝ゼロから始まり、決まった量の努力をしなければ、今日の成果が出せない。努力と成果の比率は1対1。つまり、努力した量と同じ量の成果しか得られないということだ。

直線的な成果は、どこにでも見られる。たとえば――

時給労働者は、直線的な収入を得ている。

試験前に一夜漬けをして試験が終わればすぐに忘れる学生は、直線的な学習をしている。

「今日は1時間運動する」と決めたが、明日になるとまた運動するかどうか悩む人は、直線的な意思決定をしている。

頑張って働いているときだけ収入を得られる事業は、直線的なビジネスモデルである。

ボランティアに一度だけ参加して満足するのは、直線的な貢献である。

「今だけなんとか頑張ろう」と無理をする人は、直線的な行動をとっている。

毎日子どもに同じことを言い聞かせている父親は、直線的な子育てをしている。


直線的な成果には、限界がある。けっして努力した量を超えることができないのだ。

多くの人は気づいていないけれど、それよりもはるかにうまいやり方がある。

累積的な成果を利用することだ。

累積的な成果の場合、一度努力するだけで、何度も成果が現れる。何もしなくても、自動で成果がついてくるのだ。休んでいても、寝ていても、勝手に成果が積み重なる。

ほとんど無限の成果が得られるといってもいい。

累積的な成果には、次のようなものがある。

本を1冊書いて、何年も印税を受けとっている作家は、累積的な収入を得ている。

基礎をしっかり学んで、さまざまな問題に応用できる学生は、累積的な学習をしている。

「毎日運動する」と一度だけ決めた人は、累積的な決断をしている。

半年休んでいても売り上げが入ってくる事業は、累積的なビジネスをしている。

貧しい人にマイクロローンを提供し、返済されたお金をまた貸しだすというモデルの社会起業家は、累積的な貢献をしている。

とくに考えなくても習慣的に行動できる人は、累積的な行動を身につけている。

子どもが楽しく手伝いをできるやり方を考え、何も言わなくても毎日手伝いをしてもらえる母親は、累積的な子育てを実践している。


これはけっして誇張ではない。

ひとつの行動でひとつの成果を得ることに慣れていると、永続的に成果を得ることなどありえないと思うかもしれない。だがやり方さえ身につければ、ひとつの努力からエフォートレスな成果を繰り返し引き出すことが可能になるのだ。

エフォートレスな行動だけでも成果は出せるが、それは直線的な成果にすぎない。

その上にエフォートレスのしくみを設計すれば、レバレッジを効かせて、利息が積み重なるように成果を増やすことが可能になる。

累積的な成果とは、複利のようなものだ。

ベンジャミン・フランクリンは、複利の考え方を簡潔にこう言い表した。

「お金がお金を生む。そうして生まれたお金が、さらにお金を生む」[2]

要するに複利とは、エフォートレスにお金が増えるしくみなのだ。

この原理は、その他の多くのことにも応用できる。

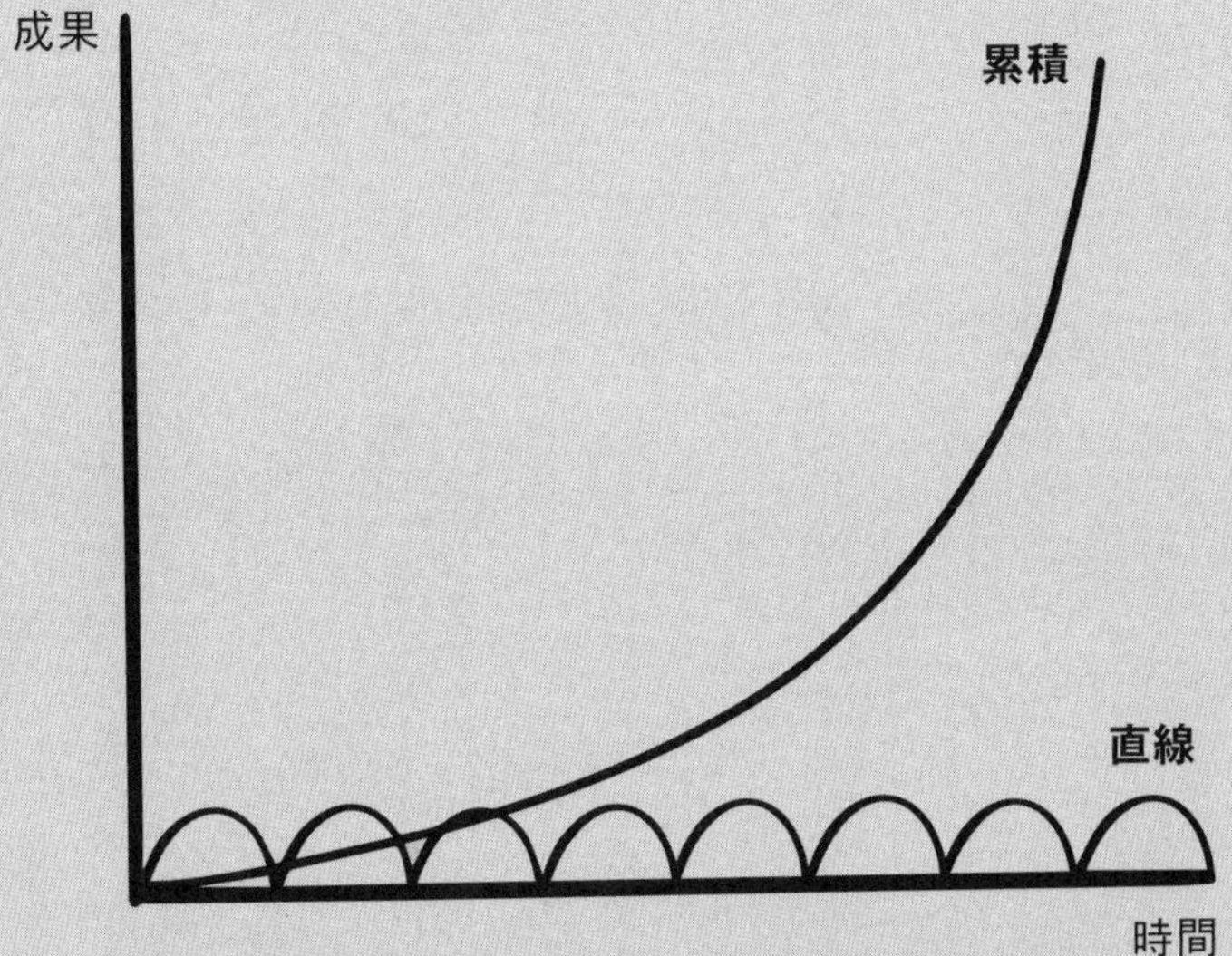

直線的な成果と累積的な成果の違いとは

私の友人ジェシカ・ジャックリーは、東アフリカでボランティア活動をしていたときに、現地で魚屋を営むキャサリンと出会った。[3]

キャサリンは毎日、仲買人から半ダースほどの魚を仕入れて、露店で売っていた。7人の子どもたちを養うことを考えると、本当は漁師から直接仕入れて利ざやを増やしたかった。そのためには100キロ以上の距離を移動しなければならないのだが、バス代を払う余裕がないし、店を閉めて遠出する余裕もない。実現するためには、500ドル程度の資金が必要だった。

キャサリンのような村人がいることを知り、またムハマド・ユヌス氏によるグラミン銀行※の話を聞いたことがきっかけで、ジェシカは「Kiva（キヴァ）」というプラットフォームを共同で立ち上げることにした。

キヴァは、途上国の起業家に対するクラウドファンディングのプラットフォームだ。インターネットを通じて、誰でも少額からお金を貸すことができる。おもしろいのはキヴァクレジットというしくみだ。融資が返済されると（返済率は98％以上）、お金はキヴァクレジットに振り込まれ、その資金を簡単に別の起業家に融資できる。

※バングラデシュの銀行。農村部の貧困層に対して無担保融資を貸し出すマイクロクレジットをおこなっている。

それが返ってくれれば、また別の起業家に融資できる。一度だけの投資で、何年でも何十年でも起業家たちを支援できるサイクルができあがるのだ。

バス代を払えないキャサリンに一度だけ５００ドルをプレゼントする代わりに、ジェシカは13億ドル以上のローンを分配するプラットフォームを構築した。

これが、直線的な成果と累積的な成果の違いだ。

小さな努力を何倍にも増幅させる

テコとは、小さな力で大きなものを動かすシンプルなしくみだ。支点の上に棒を置き、動かしたいものの反対側から力をかける。支点と力点の距離が遠ければ遠いほど、少ない力で重いものを動かすことができる。

つまりテコは、力を何倍にも増幅させる装置なのだ。シーソー遊びも、栓抜きも、舟のオールも、みんなテコの原理を応用している。

テコの原理を最初に発見したのは、古代ギリシャの数学者アルキメデスだといわれている。[4]

「われに支点を与えよ。そうすれば地球を動かしてみせよう」という言葉は有名だ。

このテコの原理を利用すれば、物理だけでなく、さまざまなことが容易になる（次ページの表を参照）。

ただし、テコには欠点もある。

同じ小さな努力が、大きな悪い効果を生むことがあるのだ。

一度悪い評判が立つと、何年もチャンスを失いつづける。悪い習慣が身につくと、何十年も健康を損ないつづける。雇う人を間違えれば、ビジネスは多大なダメージを受ける。まずいプログラムを書けば、そのミスが何度も何度も繰り返される。

力がどの方向に向かうかは、私たちの使い方次第なのだ。

ものごとを成し遂げるには、２種類のアプローチがある。

歯を食いしばって無益な努力をするか、エフォートレスに余裕で成果を出すか。

テコの原理は、エフォートレスな成果を可能にするツールだ。

次の各章では、このパワフルなツールを使って、正しい成果を出す方法を紹介しよう。

テコ	小さな努力、大きな成果
学ぶ	・一度身につけたスキルで、ほかのスキルを容易に習得する。 ・一度評判が高まると、何年もチャンスが舞い込んでくる。 ・基礎を学んで、さまざまな分野に応用する。 ・よい習慣を身につけ、一生その成果を味わう。
教える	・知識をシェアして、効果を増幅させる。 ・教え方を教えて、指数関数的にインパクトを増やす。 ・優れたストーリーを語り、後世に残す。 ・教えれば教えるほど、自身の学びが深まる。
自動化する	・作業を自動化し、何もしなくても回るしくみをつくる。 ・チートシートを一度書き、調べる手間を大幅に減らす。 ・プログラムを書き(誰かに書いてもらい)、ルーティンワークが勝手に終わるようにする。 ・本を1冊書けば、数限りない読者がいつでもあなたの言葉を読める。
信頼をつくる	・最初に適切な人を雇えば、何百回でも成果を出してくれる。 ・チームの摩擦を事前に減らせば、コラボレーションはつねにスムーズに進む。 ・一人ひとりの役割や責任を明確にすれば、誰もが混乱なく自分のやるべきことを達成できる。
問題を防ぐ	・問題を未然に解決すれば、後々の時間と労力を大きく節約できる。 ・問題を根本的に解決すれば、二度と再発しなくなる。 ・危機を未然に防げば、起こってから対処するよりもずっと少ない労力ですむ。

第11章

LEARN《学習》

一生モノの知識を身につける

１６４２年。この年は天文学の父ガリレオ・ガリレイの死で始まり、物理学者アイザック・ニュートンの誕生で幕を閉じた[1]。クリスマスの日に体重わずか１３００グラムで生まれたニュートンのことを、母親は「１リットルの鍋にすっぽり収まるサイズだった」と振り返る。

数日しか生きられないだろうと言われたが、ニュートンは生き延びた。ケンブリッジ大学トリニティ・カレッジで学び、『自然哲学の数学的諸原理』（プリンキピアとも呼ばれる）として後世まで知られる大著を書き上げた。有名な「運動の３法則」と「万有引力の法則」を記述し、その後の物理学の基礎を打ち立てた画期的な著作である。

ニュートンの法則は、物体の動きを明らかにし、太陽系内の惑星の運動を説明づけた。

それらの原理は、科学革命とそれにつづく産業革命の原動力となった。彼の著作は文字通り、世界を変えた。ニュートンがいなければ、自動車もジェット機も月面着陸も実現しなかっただろう。

もちろん、ニュートンの著作に自動車やジェット機や宇宙船をつくる手順が書かれているわけではない。そうではなく、自動車工学や航空工学、宇宙飛行に応用可能な原理原則を提供しているのだ。

ますます忙しく加速していく生活のなかで、私たちは頭を使う手間を惜しみ、手軽な解決策を求めがちだ。

だが、それは間違っている。なぜか？

手軽な解決策は、とりあえず目の前の問題を解決する役には立つかもしれない。しかし原理原則を学べば、広範な問題に何度でも応用することが可能になる。原理原則は、普遍的で永続的だ。

つまり、手軽な解決策に頼っても、直線的な成果しか得られないということだ。累積的な成果を得ようと思うなら、原理原則に目を向けなければならない。

ニュートンのプリンキピアという言葉には「最初の原理、そもそもの始まり、基本的要素」という意味がある。[2] 原理原則は知識の基本的なパーツであり、一度正しく理解すれば何百回でも応用できる。

生産性とマネジメント理論の初期の発展に貢献したハリントン・エマーソンは、次のような言葉を残している。

「方法は百万とあるかもしれないが、原理はわずかしかない。原理を把握した人は、自分の方法を正しく選ぶことができる。原理を無視して方法に飛びつく人は、必ず困難に陥る」[3]

正しいことを一度だけ学ぶ

すべての知識に同じ価値があるわけではない。

ある種の知識は、一度しか使えない。たとえば試験のために徹夜で丸暗記した知識は、試験が終わればすっかり忘れてしまう。スマホでおもしろいニュース記事を読んでも、1時間後にはなんの話だったか思いだせない。ティーンエイジャーにパソコンで何かをする方法を見せてもらったのに、あとで自分でやろうとすると、何がなんだかわからない。

別の種類の知識は、何度でも繰り返し役に立つ。なぜそうなるのか、どういうしくみなのかを理解すれば、その知識を何度でも応用できる。一例をあげよう。

・何らかの分野で基本的な原理を学んだ学生は、その原理を長期にわたってさまざまな

問題に応用できる

・顧客のニーズを深く理解した起業家はその知識を多様な製品やサービスに応用できる

・チームビルディングの原則を学んだマネジャーは、その原則を数多くのチームに応用できる

・意思決定のしくみを理解した人は、何度でもうまく意思決定をおこなうことができる

正しいことを一度だけ学ぶのは効率的だ。事前に正しくエネルギーを投資することで、いつでも何度でもエフォートレスな成果を受けとることができるのだ。

一貫した原理を見つける

編集者のピーター・カウフマンは「世界のしくみをすべて理解したい」と考えていた。[4] 普通なら、そんな目標は無謀すぎると思うだろう。ほとんどの人は、やる前からあきらめるはずだ。

だが、彼は近道を見つけた。科学雑誌『ディスカヴァー』の巻末インタビューを144冊分すべて読みあさったのだ。インタビューは一般の読者向けに、科学のトピックをわかりやすく簡潔にまとめたものだった。具体例や魅力的なストーリーに満ちていて、科学の

知識がなくても楽しく読むことができた。

まもなく彼は、学んでいる内容が３つのバケツに分けられることに気づいた。第１のバケツは、無機物の宇宙。宇宙の始まりから１３０億年以上にわたる、もっとも古くて大きなデータセットだ。第２のバケツは生物学、つまり地球上のすべての生き物だ。これは期間でいえば約30億年分。そして第３のバケツは人類の歴史、つまりヒトが存在してきた比較的短い期間である。

彼はそれから、３つのバケツの共通点を探した。すべてのバケツを説明できるような、一貫した原理はないかと考えたのだ。

第１のバケツで、彼はニュートンの「運動の第三法則」を見つけた。「すべての作用には、反対方向に同じだけの力ではたらく反作用がある」というものだ。つまり、何かに力を加えれば、同じだけの力がこちらにも返ってくる。

第２のバケツには、マーク・トウェインの「猫の尻尾をつかむ者は、必ず引っ掻かれる」という法則が入っていた。

第３のバケツにも、「あなたが人に接するように、人はあなたに接する」という似たような例が入っていた。

その共通点を、彼は「鏡像作用」と名づけた。つまり「人は自分が与えたものを得る」

ということだ。この原理は日々のさまざまなことに応用できる。お礼状を送れば、それが返ってくる。誰かに心からの笑顔を向ければ、相手も笑顔を返してくれる。会話の中で有益な情報を提供すれば、相手もあなたに情報を返してくれる。

ある実験では、鏡像作用について調べるために、600人近くの見知らぬ人に手書きのクリスマスカードを送った。[5] それぞれのカードには、短いメッセージと家族の写真を添えておいた。すると、すぐに見知らぬ人たちから返事が届いた。その数は全部で200通近くにもなったそうだ。

基本原理が役に立つのは科学だけではない。他人を理解するための、心の近道にもなる。

結婚したばかりの頃、私は妻を驚かせようと思い、妻が好きそうなミートフィースト・ピザ（肉系全部乗せピザ）を買ってきた。夜遅くに帰宅した妻は、それを見てとても喜んでくれた。

次の日の夜も、私は意気揚々とミートフィースト・ピザを買ってきて、妻を驚かせた。

妻はとても礼儀正しい人なので、3日連続でサプライズがつづいてからようやく言った。

「えっと、またミートフィースト・ピザなわけ？」

どうやら私のやり方には、適用回数に制限があるようだった。この場合、成功したのは1回だけだ。

もしも1回目の成功を単に繰り返すのではなく、妻を喜ばせる原則を探していたならば、結果はかなり違っていたはずだ。彼女が本当に求めているものは何か、3日つづいても飽きない方法は何なのかを模索すべきだった。

それには労力がかかるけれど、一度きちんと理解すれば、何度でも繰り返し応用できるはずだ。

知識の木を育てる

テスラ社とスペースXの創業者イーロン・マスクは、機械工学や宇宙工学を専門的に学んできたと思われがちだ。だが実をいうと、これらのベンチャー企業を立ち上げたとき、彼はどちらの分野についてもあまり詳しくなかった。

どうやって複雑な新しい分野をすばやく脳にインプットしたのだろうか。ある人がマスクにたずねた。[6]

「あなたがたくさんの本を読み、たくさんの賢い人を雇い、彼らの知識を吸収していることは知っています。ですが、あなたは世界中の誰よりも多くの知識を頭に詰め込む方法を知っているように見えます。その秘訣は何ですか？」

すると、マスクはこう答えた。

「知識を一種のセマンティック・ツリー（意味の木）として捉えることが重要です。そして枝葉・詳細を見る前に、まず幹や大きな枝、つまり土台となる原理を理解しておくんです。そうしないと枝葉をつなぎとめるものがありませんから」

知識の基礎がしっかりしていれば、そこに新たな情報を追加することは簡単だ。すでに習得したメンタルモデルに結びつける形で、情報をつなぎとめることができる。

マスクのアプローチは、学習法の脳科学にも裏づけられている。

脳が変化する能力のことを神経可塑性と呼ぶが、これには単一の神経細胞レベルでの変化と、ロケットの製造方法を学ぶような非常に複雑なレベルでの変化が含まれる。[7]

新しいことを学ぶというのは、試行錯誤の連続だ。試行に成功すると、神経接続が強化され、つながりが太くなる。木が太く強くなって新しい枝が伸びるように、私たちの脳は神経の接続を強化し、そこに新たな情報を組み込んでいく。うまく接続されない情報は枯れ枝のように弱くなり、やがて消え落ちる。

イーロン・マスクは知識の土台となる原理を追究することで、エネルギー産業に革命を起こし、ブロードバンド衛星を宇宙に打ち上げ、高速輸送システム「ハイパーループ」を設計し、太陽光発電を改良し、火星に宇宙船を送り込んだ。

もっとも基本的な原理を理解すれば、それを応用してすばらしいことができるという事実を、彼の生き様が物語っている。

重要な情報は外側からやってくる

バークシャー・ハサウェイ社の副会長を務めるチャーリー・マンガーは、ウォーレン・バフェットの右腕として知られるが、彼自身もまた伝説的な投資家である。

１９６０年代から70年代にかけて、マンガーは年率24％以上のリターンを達成する会社を経営していた。[8] マンガーが入社した日にバークシャーの株に１００ドルを投資したとすれば、現在は１８０万ドル以上になっている計算だ。

プロの投資家は普通、金融市場のエキスパートであろうとする。好況と不況のメカニズムを研究し、債券の利回り、マクロ経済学、小型株など、専門知識を片っ端から頭に入れる。

だがチャーリー・マンガーは、異なるアプローチをとった。

政治哲学者アイザイア・バーリンは『ハリネズミと狐』というエッセイの中で、「狐はたくさんのことを知っているが、ハリネズミはでかいことをひとつだけ知っている」という古代ギリシャの詩句を引用している。[9]

経営思想家のジム・コリンズは、ハリネズミ型のアプローチが成功の鍵だと考えた。「狐は集中力がなく、エネルギーを浪費する」からだ。[10]

しかし、ハリネズミと狐の話はそう単純ではない。

単に多くのことを知っているだけでなく、それらを結びつける方法を心得ていれば、狐のほうがうまくいく可能性も示唆されているのだ。

マンガーは、たくさんのことをつなぐキツネである。

彼は「世間の知恵」を追求することで、人生や投資に成功してきた。[11] 心理学、歴史学、数学、物理学、哲学、生物学など、さまざまな分野の学びを組み合わせれば、私たちはその総和以上のものを生みだすことができる。

肝心なのは知識の結びつきだ。個々の知識は「理論の格子上にまとまっていなければ意味がない」とマンガーは言う。

個々のアイデアは、そのままでは直線的な知にすぎない。しかし、そのアイデアが相互に結びつくと、累積的な知が形成される。

たとえば企業がある製品の価格を上げたところ、その製品の売り上げが伸びたとする。経済学の需要供給の法則だけを考えれば、まったく意味をなさない現象だ。だが心理学の分野を考慮すれば、買い手は価格が高いほど品質が高いと考え、そのためにより多く購入したのだと理解できる。
有用な知識は、自分の専門分野の外側からやってくることが多い。ノースウェスタン大学ケロッグ経営大学院の研究者が約1800万件の科学論文を分析した結果、最高のアイデアが生まれるのは、既存の知識に「意外な組み合わせの侵入」が起こったときだと判明した。[12]
だからこそ、マンガーは「ほかの人たちの最高のアイデアをマスターする」ことを重視するのだ。彼が言うには、「ただ座って自分ですべてを考えだそうとしても無駄だ。そんなに賢い人はいない」。
分野を超えてアイデアが結びつくと、新たなものが生まれる。科学でも投資でも、音楽や映画でも変わらない。
エフォートレスな創造性の鍵は、平凡なものを斬新に進化させることだ。
ジョエル・コーエンとイーサン・コーエン兄弟は、『ファーゴ』などのヒット作で知られるようになる前、1984年のネオ・ノワール映画『ブラッド・シンプル』ではじめて大ヒットを記録した。[13]
最初に脚本を読んだとき、『ブラッド・シンプル』はどこにでもある平凡なミステリーに思えた。そこでコーエン兄弟は、ハサミで脚本のすべての段落をバラバラに切り離すと、その紙くずを茶色い紙袋に入れ、紙袋を振って空中に放り投げた。そして床に散らばった紙くずを拾い上げ、ランダムに組み合わせて、それをもとに脚本を書き直したのだった。『ブラッド・シンプル』は、従来のネオ・ノワール的な犯罪映画に予想外の展開を組み合わせた斬新な作品として知られている。ノースウェスタン大学のブライアン・ウッツィ教授によれば、「深い慣習」のなかに「極端な新規性」を埋め込んだ手法のおかげだ。

読書から最大限の成果を得る方法

読書は、この世でもっともレバレッジの高い活動だ。1日の労働時間とだいたい同じ長さの投資（と数ドル）で、おそろしく賢い人々の発見や知恵にアクセスできる。本をしっかりと読み、自分の血肉にすれば、ほかの何よりも累積的な成果が得られるだろう。

読書は、この世でもっともレバレッジの高い活動だ。

ただし、このチャンスを利用している人は少ない。平均的なアメリカ人の読書量は、1年にたった4冊。そしてアメリカ人の4人に一人は、まったく本を読まない。[14]この傾向は年々悪化しているようだ。

読書から最大限の成果を得るために、以下の原則をおすすめしたい。

■リンディ効果を利用する[15]

本の寿命は、その本の年齢に比例する。本が古ければ古いほど、その本が将来にわたって生き残る可能性が高いということだ（これをリンディ効果という）。だから本を選ぶときは、長く読まれている本を優先するといい。つまり、古典を積極的に読んでみよう。

■吸収するために読む

読んだことはあるのに、まったく思いだせない本がある。逆に、全部読んだわけではないけれど、ある章やセンテンスがすっかり自分の一部になっている本もある。ただ「読了」を増やすためだけに本を読むのはもったいない。本に心から没頭すれば、まるで自分がその体験をしたかのように、自分自身を変えることができるのだ。

■エッセンスを抜きだす

本を読み終えたら、その本から学んだことを自分の言葉で1ページにまとめよう。ほんの10分程度でいい。自分の言葉で本のエッセンスを抜きだせば、知識の吸収が深まる。要約の作業によって、情報は理解になり、理解が独自の知識に変わる。

誰もやっていないことを極める

1968年のメキシコシティオリンピックで、走り高跳びのディック・フォスベリー選手は、きっと最下位だろうと予想されていた[16]。

フォスベリーは21歳の土木工学専攻の学生で、左右色違いのヘンテコなランニングシューズを履き、運動能力もたいして高くなさそうだった。メディアは彼を「2本足のラクダ」と呼び、彼のジャンプを「空中の発作」と表現した。ただのネタ扱いだった。

フォスベリーは高校生の頃から、当時主流だった跳び方を身につけようと努力してきた。19世紀にスコットランドではじめて高跳び競技がおこなわれて以来、ジャンプのやり方は基本的に変わっていなかった。選手はバーに正面またはサイドから近づき、内側の足で踏みきる。一流の選手たちはこのテクニックを地道に改善し、ほんの少しずつ世界記録を伸ばしているところだった。

このやり方では、フォスベリーは高校大会の出場に最低限必要な5フィートさえも跳べなかった。あるときには、革張りの椅子を飛び越えられるかどうか友人と賭けをし、見事に失敗して手を骨折した。コーチは「もっと頑張れ」と励ましたが、いくら練習しても結果が出ない。苛立ちは募るばかりだった。

このままではダメだと思い、フォスベリーは別の方法を試すことにした。

高跳びのルールでは、跳ぶときに片足で踏みきることが求められているだけで、どうやってバーを越えるかについては何も書かれていない。そこで彼は、工学の知識を生かして、新たな高跳びの方法を実験してみた。

そのなかで、体を大きく反らして仰向けでバーを越え、最後に足を蹴り上げるという新たなやり方が生まれた。

評論家は感心しなかった。ある新聞は、フォスベリーの写真に「世界でもっとも怠惰な高跳び選手」という見出しをつけた。別の見出しには「フォスベリーはバーの上で寝ている」と書かれた。

そんな声をよそに、フォスベリーは技術を磨いた。よりスピードを出せるようにバーへのアプローチを変え、最後の一歩で腰を回転させると、内側ではなく外側の足で踏みきる。仰向けに飛ぶことで重心が下がり、成功率が上がる。

物理学の知識を総動員して、メカニカルな優位性をつくりだしたのだ。

１９６８年10月20日、フォスベリーはメキシコシティオリンピックで金メダルを獲得し、走り高跳びの世界を変えた。彼の編みだした背面跳びは、英語で「フォスベリー・フロップ」と呼ばれている。

彼以前には、オリンピックで仰向けに跳ぶ選手はいなかった。彼以降、一流選手はみんな仰向けで跳ぶようになった。

フォスベリーのすごいところは、技術的側面だけでなく、そのユニークさにある。ほかの選手が何十年もやってきたのとはまったく違うやり方で、高跳びの世界記録を劇的に押し上げたのだ。

コツコツと今までのやり方を磨いているだけでは、そこにたどり着くのにどれほどの時間がかかったかわからない。フォスベリーはすべてのアスリートたちの夢を実現し、高跳びという競技に不可逆の変化をもたらした。

みんながやっていることをとても上手にやるよりも、誰もやっていないことをそこそこうまくやったほうがいい。さらに、誰もやっていないことをとことん極めれば、あなたの価値は飛躍的に高まる。

知識の累積的な成果を得るために、まずやるべきことは、ほかの人から学ぶことだ。だが最終的な目標は、自分だけの知識を見つけだし、伸ばしていくことである。

他人にとっては難しいのに、自分にとって簡単なことはないだろうか？

今ある知識を土台にして、誰よりもうまく学べそうな分野はないだろうか？

そういうものを見つければ、自分だけのユニークな知識を創造することが可能になる。

独自の知識を持っている人は、信頼される。人もチャンスも集まってくる。

「自分だけが知っている」という状態は、何よりも大きなレバレッジだ。

独自の知識が評判になれば、何年にもわたってチャンスがやってくる。

一例をあげよう。

・評判のいい起業家には、投資家の資金がどんどん集まってくる
・評判のいい講演者には、引き受けられないほどのオファーが来る
・評判のいい講師の授業には、毎学期、受講生が列をなしてやってくる
・評判のいい弁護士には、いくらでもいい案件が集まってくる
・評判のいいフォトジャーナリストは、世界各地で最高の仕事を任される

私の場合、『エッセンシャル思考』でそれが起こった。本が評判になり、今でも毎日のように読者から問い合わせがやってくる。

独自の知識を得るには、時間と努力が必要だ。

だが一度投資すれば、一生にわたってチャンスを引き寄せることができる。

知識はチャンスの扉を開いてくれる。
自分だけのユニークな知識は、
永続的なチャンスを与えてくれる。

第12章

LIFT《強化》

いちばんシンプルに伝える

新型コロナウイルスが流行しはじめたとき、アメリカでは医療用マスクの不足が深刻化した。市販のマスクがどんどん手に入らなくなり、緊急に「ＤＩＹ」的な解決策が必要になった。

自分や家族のためにマスクを1枚つくるなら、つくり方を調べて手づくりすればいい。

しかし、数週間で数百万枚のマスクが必要な場合、どうしたらいいだろう？

そこで登場したのが、ユタ州の地域団体が協力して立ち上げた「プロジェクト・プロテクト（ProjectProtect）」だ[1]。彼らの目標は、5週間で500万枚のマスクをつくること。

そしてその方法は、マスクのつくり方を人に教え、教えられた人がさらに別の人に教えられるようにするというものだった。

最初は、直接つくり方を教えることから始まった。次にマスクのつくり方を5分間の動画にしてウェブサイトに掲載し、参加してくれるボランティアを募った。プロジェクト・プロテクトが材料をボランティアに提供し、ボランティアの人は材料を使って自分で縫うか、あるいは誰かに縫い方を教えて、完成したマスクを返却する。

最初の1週間で、1万人のボランティアが100万枚のマスクを届けた。そして5週間後には、5万人のボランティアが500万枚のマスクをつくり終えた。不可能にも思えた目標だったが、彼らは見事達成した。

もしも一人でやろうとしたら、あるいは100人でやろうとしたなら、どれだけの時間と労力がかかったことだろう。プロジェクトが始まった時点で誰もマスクのつくり方を知らなかったことを考えると、驚異的な成果だ。

広範囲に影響を与えたいときには、人に教えることがきわめてハイレバレッジな戦略になる。

記憶に残るストーリーを語る

数年前、祖父がニューヨークで亡くなった。アメリカに住んでいる家族は私だけだったので、祖父のアパートを訪ねて遺品を整理することになった。

驚いたのは、祖父の部屋に何もないことだった。

本や服はあった。絵や写真がいくつかあった。アドレス帳もあった。しかし、祖父が生きてきた人生や、祖父が大切にしていたものたちは、彼と一緒に消えてしまった。アドレス帳を見ても、誰が生涯の友人で、誰が一度きりの知り合いなのか、さっぱりわからない。どの名前も、私にとってはなんの意味もなかった。

しかし、祖父にとっては意味があったはずなのだ。

ふいに私は、人生の最後にどれほど多くのものが消えてしまうのかを、しみじみと実感した。私たちが後に残すものといえば、哀れなほど小さな手がかりだけだ。

人は前の世代のことを、驚くほど簡単に忘れてしまう。ほとんどの人は、自分の曽祖父母の名前を言えないのではないだろうか。

だが考えてみてほしい。私たちが話している言葉、住んでいる場所、受け継いでいる歴史は、その名前も知らない先祖によってつくられてきたのだ。

あまりに多くの記憶が失われてしまっている。人が時に、やむにやまれぬ焦燥感に駆られて先祖の手がかりを探しはじめるのはそのためだ。

幸いなことに、私たちはシンプルなやり方で歴史を後世に伝えることができる。

その方法とは、ストーリーを語ることだ。ストーリーは、過去から現在への架け橋になる。歴史を生かし、私たちの自己認識を広げてくれる。

私の知っているある家族は年に一度、先祖の思い出を語るための集まりを開いている。写真を持ち寄り、思い出の詰まったスライドをつくる。お気に入りのストーリーを語り、共有する。これを50年もつづけているそうだ。

ストーリーは人の記憶に残る。よくできた物語は、何千年でも生きつづけることができる。イソップの寓話がよい例だ。

イソップは今から2500年以上前、古代ギリシャで奴隷として働いていた。[2] 彼には人々に伝えたいことがあったので、それを記憶に残る物語で表現した。イソップの物語は、覚えやすく、共有しやすいため、口伝えで広まっていった。

私たちは、物語を愛する。私たちは物語を理解し、記憶する。

ストーリーは人に伝わりやすく、記憶に定着しやすい形式なのだ。

よいストーリーは、聴衆をその場で教師に変えることができる。

人に教えることは、自分自身が学ぶこと

人に教えると、自分も効率よく学ぶことができる。

誰かに教える機会があるかもしれないと考えるだけで、学びの濃度は高まる。集中力が

増し、よりよく理解しようと耳を傾ける。自分の言葉で説明するために、根本的なロジックを意識するようになる。

『エッセンシャル思考』を執筆して以来、私は教える機会に多く恵まれてきた。人に教えることで、私自身も学びつづけている。事実、エッセンシャル思考を教えるたびに、自分の人生をエッセンシャル思考にするための新たな気づきを得ることができる。

たとえば、ある人のエッセンシャル思考の実践を聞いて、私は新しい習慣を取り入れることにした。毎日、仕事を終えてホームオフィスを出るときに、時刻を読み上げるのだ。ただ確認するのではなく、大声で「5時1分！」と口に出す。やってみると楽しいし、自分の教えていることを実践しているという実感が得られる。

自分がいつも通っている道でも、いざ誰かに道を教えようとすると意外と難しいものだ。読んだ小説の筋を誰かに説明しようとすると、いかに自分が読めていないかに気づく。人に教えてはじめて、本当に理解することができるのだ。

セサミストリートの法則

私の取引先だった大手ソフトウェア企業のマーケティング責任者は、不満を抱えていた。彼は社内の意識を統一するために、多大な努力をつづけてきた。経営コンサルタントを雇って戦略を練り、その戦略を社内でプレゼンした。どうやって顧客に伝えるべきかも明確に説明したはずだった。

それなのに、現場は混乱していた。ある営業担当者はある方法で説明し、別の営業担当者は別の方法で説明する。従業員の理解も三者三様だった。まるで別の言語を話しているようだ。

世界130カ国、10万人の従業員を抱える企業にとって、戦略を正しく伝え、実践してもらうことは、至難の業だった。

そこで提案されたのが、戦略をホワイトボード1枚に収まるまで単純化し、10分以内に説明できるようにするというアイデアだった。マーケティング責任者は、まずパイロットグループにそれを教えたうえで、おたがいに教える練習をさせた。

そして、彼らをそれぞれのチームに教えに行かせた。単に内容を教えるだけでなく、教え方も全員に伝えた。誰でも、いつでもグループの前に立って説明できるようにしたのだ。

わずか数週間のうちに、混乱は消えた。ドイツの人事担当者が説明しても、カリフォルニアの財務担当者が説明しても、まったく同じように説明できる。どの顧客にも同じメッセージが伝わるということだ。

その効果は絶大だった。何カ月もかけて苦労する代わりに、エフォートレスに成果が出せるようになった。

すべてを教えようとすると、何も教えられなくなる危険がある。

もっとも重要なメッセージを明確にし、それを単純化すれば、たやすく累積的な結果を残せる。

メッセージはわかりやすいだけでなく、誤解されにくいものでなければならない。

P&G社のA・G・ラフリー元CEOは、これを「セサミストリートの法則」と呼ぶ。[3] 無駄に難しい言葉を使わないこと。頭のよさを見せつけようとしないこと。理解しやすく、復唱しやすいストレートなメッセージを選ぶこと。

もっとも重要なことを、もっともシンプルに伝えて、できるだけ多くの人に届けよう。

第13章

AUTOMATE《自動化》

勝手に回る「しくみ」をつくる

子どもたちが小さかった頃、隣の家に私たちとよく似た夫婦が住んでいた。うちと同じく、2人の幼い子どもがいた。社交の範囲も重なっていて、週末にはいつも顔を合わせた。家の間取りまで、鏡に映したようだった。

ある日、彼らに興味深い話を聞いた。夫のほうが最近膝の手術をしたのだが、なぜか回復が思うように進まなかった。手術は成功したのに、痛みは治まるどころか、どんどん増していく。そして何週間も経ってから、手術中のミスで小さな器具が膝に埋まっていたことが判明したのだった。

高度な訓練を受けた医療従事者がこのようなミスを犯すとは、にわかに信じられない。手術を担当したチームはたしかに高度な訓練を受けていた。一流大学の医学部を卒業し、長年の経験を積んでいた。それなのに、大事な手術の最中に、衝撃的なケアレスミスを犯してしまったのである。

理由は単純で、記憶に頼っていたからだ。そのせいで必要な手順をうっかり忘れてしまったのだ。「もっとしっかり注意していたら」と言いたくもなる。しかし、私はそれを逆から見てみたい。

「もしも注意する必要がなかったら」と考えるのだ。

イギリスの数学者で、のちにアメリカで哲学者として活躍したアルフレッド・ノース・ホワイトヘッドはこう言った。[1]

「文明の進歩は、何も考えずに実行できる重要な作業の数を増やすことによって実現される」

これはつまり、「できるだけ多くの重要な行動を自動化すべき」ということだ。

脳のメモリを無駄づかいしない方法

1935年、航空機メーカーのボーイング、マーチン、ダグラスの3社は、新型の長距離爆撃機を製造するという大きな契約をめぐって競争していた。大方の予想では、ボーイング社が勝つと見られていた。開発中のボーイング・モデル299はエンジンを2基から

4基に増やし、搭載可能な爆弾数も航続距離も他社を大幅に引き離していた。

ところが、飛行試験で悲劇が起こった。5人の乗員を乗せたモデル299は、滑走路から優雅に上昇したあと、高さ100メートル弱のところで失速し、急激に傾いて地上に墜落したのだ。テストパイロットのヒル少佐を含む2名の乗組員が死亡した。

調査の結果、17年以上の経験を持つ陸軍航空隊のパイロットだったヒル少佐が、操縦用の方向舵と昇降舵のロックを解除し忘れていたことが判明した。初歩的で致命的なミスである。だが、より重要なのはその理由だ。

ヒル少佐は無数の新しい複雑な手順に気を取られて、ロック解除のことをうっかり忘れてしまったのだ。

陸軍はボーイング・モデル299を一人で操縦するのは複雑すぎると判断し、代わりにダグラス社と契約した。だが一部のテストパイロットたちは、ボーイング社のほうが優れていて、国に軍事的優位性をもたらすと信じていた。

本当に必要なのは、高度な航空技術を一人のパイロットが無理なく管理できるツールなのだ。

外科医のアトゥール・ガワンデが著書『アナタはなぜチェックリストを使わないのか？』で述べているように、ヒル少佐の悲劇的な見落としは、手術ミスと同じく人間の注意力の限界から生じたものだ。[2]

人類がさまざまな分野で獲得した膨大な知識は、科学技術および人文分野に驚異的な進歩をもたらした。だがガワンデが指摘するように、この進歩には弊害もある。

知識の量と複雑さが増えすぎて、人の管理能力を超えてしまったのだ。

これこそが、悲劇的な事故が起こる理由である。

人には非常に優れた記憶力がある。ノースウェスタン大学の心理学者ポール・リーバーによると、脳の記憶領域はかなり大きく、DVR（デジタルビデオレコーダー）でいえば300万時間分のテレビ番組を録画できるほどの容量がある。[3]

ただし、必要に応じて呼び出すことのできる情報（ワーキングメモリ）の容量は、はるかに少ない。頭のいい人が鍵を忘れたり、優秀な医師が患者の膝の中から器具を取りだすのを忘れたりするのは、そのためだ。ワーキングメモリの容量不足が、回避できたはずのうっかりミスにつながる。

極端に複雑な作業をしていると、認知的負荷が過大になり、ミスを起こしやすくなる。必要なのは知識を増やすことではなく、ワーキングメモリに負担をかけない新たなやり方を探すことだ。ガワンデは言う。

「経験にもとづき、人の知識を最大限に活用しながら、かつ人間の避けられない傾向を補うような戦略が必要だ。そのような戦略は存在する。しかしその戦略はあまりにシンプルであるため、高度なスキルやテクノロジーに親しんできた私たちにとっては、ほとんど馬鹿げているように見えるかもしれない」

彼がすすめる戦略とは、チェックリストをつくることだ。

実際、ボーイング社はチェックリストを導入し、その後の試験飛行を無事故で乗りきることができた。陸軍航空隊はボーイング社に何千機もの爆撃機を発注し、モデル299はB－17と名前を変えて第二次世界大戦に参入した。B－17はアメリカのどの爆撃機よりも多くの爆弾を投下し、連合国側の勝利に貢献した。

チェックリストが役立つのは、飛行機の操縦のような専門性の高い作業だけではない。世界が複雑になるにつれ、誰もが重要なことを思いだすためのツールを必要としている。チェックリストの優れた点は、考える作業が事前に完了することだ。思考の入り込む余地はない。いや、思考はすでに装置の中に組み込まれている。だから、その場その場で判断しなくても、毎回正しく実行できる。

重要なことを自動化するためには、こうしたローテクなやり方が意外と役に立つ。チェックリスト以外にも、いろいろ応用は可能だ。

・タスク管理ソフトを使って、1日の仕事の優先順位を明確にする
・週次ミーティングのアジェンダを書きだし、重要なトピックを忘れないようにする
・プレゼンテーションの際、もっとも伝えたいポイントをスライドにまとめておく
・生徒に作文を教える際、上手に書くためのコツをリスト化する
・子どもたちの手伝いスケジュールを覚えやすいように、家事カレンダーを作成する

これらはほんの一例だ。大切なのは、記憶に負荷をかけなくても実行できること。身近なことから始めてみよう。

ひとつの大きな決断が、その後の決断を不要にする

家族旅行の行き先を決める過程で、ストレスを感じた経験はないだろうか。みんなの意見が割れる、やりたいことが多すぎる、選択肢が多すぎる。何カ月もかけてようやく意見がまとまったかと思うと、すぐに翌年の予定を立てる時期がやってくる。

スティーブンとアイリーン・リチャーズ夫妻は、これを楽にできないかと考えた。[4]

重要なのは行き先がどこかというよりも、子どもたちと毎年交流できることだ。そこで彼らは意思決定のプロセスを自動化するため、モンタナ州に小さなロッジを購入した。そ

して毎年夏になると、みんなをロッジに招待して、好きな時間に好きなだけ旅行を楽しんでもらった。

これはリチャーズ一家の夏の定番行事になった。子どもたちは毎年ロッジに遊びに来た。子どもたちが結婚すると、その子どもたちも来るようになった。やがて子どもたちや孫たちが、同じエリアに新しいロッジを建てはじめた。そうしてロッジはどんどん拡大した。

5世代後の今も、家族は毎年集まって遊び、泳ぎ、思い出をつくる。夏にはいつも、30〜40人が湖畔のビーチで楽しんでいる。日によっては100人以上のパーティーになることもある。

決断は疲れる。好みも制約も優先順位もバラバラな数十人の人々を満足させる決断をすることは、疲れるだけでなく、不可能に近い。しかしリチャーズ夫妻は、たったひとつの大きな決断によって、その後の何世代にもわたる決断の負担を減らすことに成功した。

家族全員のスケジュールを調整し、目的地を選び、ホテルを予約し、アクティビティを計画するという作業を誰もしなくてよくなったのだ。

家族旅行はストレスではなく、自動的でエフォートレスなものになった。

重要なことはハイテク化、不要なことはローテク化

「運転を始めたばかりの頃は、たしかに少し不注意だったかもしれませんね」

当時18歳のジョシュア・ブラウダーは、はにかみながら言う。[5] 運転を始めた最初の年に、10枚の交通違反切符を切られたのだ。

だが、そのほとんどは切符を切るまでもない軽微なものか、悪名高いイギリスの交通監視員のミスによるものだった。

そこでブラウダーは、違反切符に不服を申し立てることにした。どうやら裁判所も同じ意見だったらしく、彼の訴えは認められた。

まもなく彼は、同様に不当な切符を切られた知り合いを助けはじめた。

不服申し立てのプロセスは難しいものではなく、比較的簡単な定型文を書くだけで不当な罰金を回避できることが多い。ただ、自分にとっては簡単なことでも、高齢者や障害者など弱い立場の人にとっては非常にハードルが高いようだった。

そこで彼は、困っている人みんなが使えるようなツールをつくることにした。

「DoNotPay（ドゥノットペイ）」は「世界初のロボット弁護士」と呼ばれるウェブサイト（後にアプリ）だ。困っている人のための不服申し立てのプロセスを自動化するもので、当時スタンフォード大学の学生だったブラウダーは、わずか2週間でこのサービスを構築した。

このコンセプトの成功を受けて、ブラウダーはまもなく似たようなサービスを追加した。ユーザーの電子メールから旅行の予約をスキャンし、フライトやホテルの予約で値下がりしたものを知らせてくれるプログラムだ。ボタンをひとつクリックするだけで、自動的に処理が実行される。

このアプリはさらに機能を増やし、免許センターの予約やフードデリバリーの返金、スパムメールの配信停止など、ユーザーの時間とお金を節約することに役立っている。

自動化とは、できるだけ人間の力を必要とせずに機能を実行することだ。

自動化はどこにでも存在する。洗濯機や食器洗浄機、冷蔵庫だって一種の自動化だ。日々当たり前に使っているが、故障したときにはじめて、どれほどの時間と労力を節約してくれていたかを実感する。

比較的最近できた自動化ツールで、すでに生活に馴染んでいるものもある。料金の自動支払いや、自動で温度調節してくれるエアコン、買い物リストの内容をリマインドしてくれるヴァーチャルアシスタントなどだ。

これらのツールはどんどんスマートになっている。ヴァーチャルアシスタントは、ユーザーの過去の購買パターンを学習し、シャンプーや歯磨き粉が足りなくなるタイミングを教えてくれる。ＡＩ搭載のエアコンは、建物の構造やユーザーの行動パターンを学習して快適な温度を提供する。自動運転車が家庭にやってくる日も遠くないだろう。

２０１２年、旅行予約サイトのエクスペディアは、自社サイトで予約をした１００人のうち58人がカスタマーサービスに電話をかけてくることに気づいた。[6] 相談内容でもっとも多いのは「旅程表をもう一度送ってほしい」というものだった。

その数は年間約２０００万件。オーストラリアに住むすべての人が毎年同社に電話をするのと同じくらいの数だ。当時のＣＥＯは、電話1件あたりのコストを（控えめに見ても）5ドルだとして、少なくとも1億ドルのコストがかかっていると懸念した。

そこでエクスペディアでは、自動応答システムを導入し、顧客自身がウェブサイト上で簡単に旅程表にアクセスできるようにした。前もっていくらかの時間と労力を費やす必要はあったが、この一度のアクションの結果、それ以降の電話件数は43％削減された。

自動化による時間とコストの削減効果は非常に大きかったため、エクスペディアは機械学習とＡＩを活用したセルフサービス機能を次々と展開し、顧客の多様なニーズに応えている。カスタマー・エクスペリエンス部門を統括するライアン・オニールは、最終的にはカスタマーサービスの90～95％が完全に自動化されるだろうと予想している。

日々の生活で、重要なことを自動化するにはどうすればいいだろうか。

重要なことのために時間を使うのは、理論的には簡単だが、実際には難しい。

エッセンシャルな領域	エフォートレスな自動化
健康	・毎年の健康診断を自動的に予約する。 ・半年ごとに歯医者の定期検診を自動で予約する。 ・就寝の2時間前に、携帯電話がナイトモードに切り替わるように設定する。
人間関係	・大切な人との定期的な電話や集まりを設定しておく。 ・友人や家族の誕生日をカレンダーのリマインダーに設定する。 ・大切な誕生日や記念日、その他の年に一度のイベントに合わせて、花やプレゼントを予約しておく。
お金	・給料の一部を毎月自動的に貯金する。 ・週に一度の家計会議、年に一度のファイナンシャルアドバイザーとの面談を予定に入れる。 ・家計管理アプリを使って、自動で支出をチェックする。 ・慈善団体への毎月または毎年の定期的な寄付を設定する。
家庭	・家庭の必需品は、オンラインで定期購入する。 ・煙感知器や消火器などの安全チェックリストを作成する。 ・いつも買う食品のリストをアプリで作成する。 ・健康管理の目標に基づき、アプリに献立をつくってもらう。

キャリア	・メンターとの定期的な面談を予定しておく。 ・四半期ごとに1時間、自分のキャリア目標を見直す。 ・毎朝5分、自分の仕事とは直接関係のない重要なテーマの記事を読む。
趣味	・毎日1時間、自分が楽しいと思えることに時間を使う。

さまざまな邪魔が入り、予定通りにいかないこともあるだろう。

だが、日々の重要なタスクを自動化するために費やす努力は、後に大きな利益を繰り返しもたらすはずだ。

ひとつ注意が必要なのは、自動化は自分の利益にもなれば、害悪にもなるということだ。無駄な作業が自動化されていると、その無駄がずっとつづくことになってしまう。

たとえば、自動更新される定期購読契約だ。あとで解約しようと思っていても、実際には解約するのを忘れて、知らないうちに何カ月も、あるいは何年も課金されてしまう。私も以前、気づかないうちに毎月100ドルもの定期購読料を払っていたことがある。

必要なものはハイテクでエフォートレス化し、不要なものはローテクで手間がかかるようにしておこう。

第14章

TRUST《信頼》

不信のコストを削減する

2003年、世界最強の投資家であり、バークシャー・ハサウェイ社の会長兼CEOを務めるウォーレン・バフェットは、マクレーン・ディストリビューション社の買収を考えていた。

マクレーンは230億ドル規模のサプライチェーン・ソリューションを提供する会社で、当時ウォルマート社の傘下にあった。これだけの規模の買収となると、普通は膨大で複雑な作業が必要になる。

デューディリジェンス、つまりビジネスの実態を確認するプロセスだけでも、ものすごい労力がかかる。

何十人もの弁護士が集まり、すべての契約書や機器のリース、不動産購入書類、労働組合の同意書などを細かく読み込む。会計士が束になり、会社の年次・四半期・月次決算書のすべての項目に目を通し、あらゆる資産や負債を調べ上げる。コンプライアンス・オフィサーのチームが、設備投資、レガシーシステム、リスクについて入念な監査と検証をおこなう。さらに主要顧客との関係もチェックしなくてはならない。

金額にして軽く数百万ドル以上、期間にして半年以上はかかる仕事だ。

だからこそ、実際に起こったことが驚異的なのだ。バフェットは、たった2時間のミーティングと握手で買収を実現させた。[1] そしてわずか29日後には、マクレーン社はバフェットのものになっていた。

「我々はデューディリジェンスを省略した」とバフェットは言う。「これまでの経験から、ウォルマートの言うことはそのまま受け止めていいと考えた。実際、そのとおりになった」

ウォルマートを疑う理由がないので、デューディリジェンスは必要ないと判断したのだった。これによってどれほどの時間とお金と労力を節約できたか考えてみてほしい。信頼があったからこそ、わずかな力で累積的な成果を出すことができたのだ。

私たちはみんな、何らかのかたちで、人と一緒に仕事をしている。

高度に入り組んだ組織で、複数の上司を持ち、社内外の顧客に対応し、サイロ化された部門間を調整しながらプロジェクトを進めている人もいる。小さなチームのなかで、すばやい変化に対応し、少ないリソースでより多くの成果を上げることを求められている人もいる。あるいは自分でビジネスをしている人でも、クライアントや顧客との関係を管理し、サプライヤーやパートナーと成果物を調整する必要がある。

プライベートでも、人間関係を管理するのは楽ではない。家族や親族とスケジュールを調整し、友人グループをうまく維持し、近所の人たちと利害を調整しなくてはならない。

どんな文脈であれ、他人とやっていくのは大変だ。精神的なリソースが大きく削られる。たとえば親戚がおおぜい集まるとなると、どこで食事するかを決めるだけでも大仕事だ。関わっている人の数が多ければ多いほど、調整コストは高くつく。簡単なはずの決断でも、必要以上に難しくなってしまう。

だが、他人との共同作業をもっと簡単にする方法がある。

それは、信頼だ。信頼があれば、人々の調整にかかる労力が少なくてすむ。すばやく仕事を分担できるし、問題が起こっても率直に話し合うことができる。貴重な情報を独占せず、共有できる。わからないことがあれば気軽に質問できる。意思決定のスピードと質が上がり、政治的な争いが減る。一緒に働く経験を楽しむことができる。そして、人間関係の調整に手を焼くことなく、最優先の仕事にエネルギーを集中できる。

その結果、パフォーマンスは飛躍的に向上する。

チーム内の信頼度が低いと、すべてが困難になる。メールを送るだけでも、一言一言がどう受けとられるかと考えているうちに疲弊する。日々の会話が苦痛になる。成果を出してくれるという信頼がないので、つねに仕事ぶりをチェックしなくてはならない。

監視し、締め切りを思いださせ、成果物をいちいちレビューする。そうするうちに「自分でやったほうが早い」と感じ、何も任せられなくなるかもしれない。あなたの仕事はどんどん溜まっていく。

信頼関係がなければ、チームのパフォーマンスは上がらないのだ。

チームワークのエンジンオイル

車のエンジンを動かすためには、エンジンオイルが必要だ。そのことは知っていても、理由をきちんと理解している人は少ない。

エンジンの中では、高速で動く多数の部品がたがいに擦れ合い、摩擦が生じる。オイルは、それらの部品が摩耗することなく、スムーズに動くようにするための潤滑油だ。エンジンオイルが不足すると、エンジンの調子が悪くなり、まったく動かなくなることもある。

信頼のないチームで起こることにそっくりだ。チームのなかでは、多くの人がさまざまに絡み合った役割を持ち、高速で動いている。信頼が不足すると、たがいの利害や優先事項がぶつかり合い、摩擦が生じて全員が疲弊する。チームは失速し、行き詰まってしまう。

信頼とは、チームのエンジンオイルだ。摩擦を減らし、チームがスムーズに機能しつづけるための潤滑油なのだ。

エフォートレスなチームワークを実現するためには、つねにエンジンオイルが不足しないしくみをつくる必要がある。

信頼できる人材は数百倍の価値をもたらす

信頼を武器にするための最善の方法は、信頼できる人を選んで付き合うことだ。

自動車会社を経営するスティーブ・ホールは、あるとき30万ドルもの会計上の不一致に気づいた。[2] 経理部長は5年間勤続する女性だったが、問われると申し訳なさそうに「悪気はなかった。ちょっとしたミスだった」と言った。だが、不信感は拭えない。

スティーブとＣＦＯは後任を探そうとした。しかし、ビジネスが急成長している時期でもあり、混乱を招くことは避けたかった。そこで彼らは、彼女を解雇するのではなく、彼女の周りにサポート役を置くことにした。

それから5年後、30万ドルの「ちょっとしたミス」は、１６０万ドルにまで膨れ上がっていた。

着服がばれたことに気づくと、彼女はテキストメッセージで辞表を出し、街を出ていった。誰もその後の消息は知らない。

スティーブはその出来事を振り返って言う。

「私の失敗は、信用できない人を雇ったことよりもひどいものでした。彼女が私の信頼を裏切ったあとも、ずっと雇いつづけていたのですから」

信頼できる人を雇うことは、見落としがちだが大事な最初の一歩だ。信頼できる人を雇えば、いちいち監視しなくても高いパフォーマンスを出してくれる。信頼できる人を雇うということは、優れた人を雇うということでもある。

自分の責任を果たし、適切な判断を下し、やると言ったことをしっかりとやる。細かく指示・管理しなくても、チームの目標を理解し、経営者と同じ目線で仕事に取り組める。

そんな人を雇えば、ビジネスはきっとうまくいく。

ウォーレン・バフェットは、従業員やビジネスパートナーを選ぶ際に、信頼を測る3つの基準を用いている[3]。

その3つとは「誠実さ（Integrity）」「知性（Intelligence）」「自発性（Initiative）」だ。頭文字をとって「3つのIの法則」と呼ぼう。3つとも大事だが、何よりもまず誠実さがなければ、ほかの2つが裏目に出ることもある。

信頼できない社員のために160万ドルを失ったあと、スティーブは経理部長の後任を探すことにした。彼は不祥事の原因を一人の「悪いリンゴ」のせいにするのではなく、自分たちが知らず知らずのうちに問題を引き起こしていたのではないかと反省した。

そうやって正直に自己評価することで、採用プロセスを改善する必要性が見えてきた。以前は取引先からの紹介などで、行き当たりばったりで人を採用していた。だが採用活動と面接に賢く投資すれば、リスクを大きく減らすことができるはずだ。

彼は「3つのI」に従って、新しい採用基準を設けることにした。

その結果、法律事務所で経理マネジャーをしていた人を採用することになった。自動車業界の経験はないが、「誠実さ・知性・自発性」については完璧だった。堅固な倫理観を持ち、臨機応変に問題を解決できる。

何より、本当に信頼できる人だった。彼は会社の中心メンバーとして定着し、事業が大企業に売却されたあとも会社に残った。そのあいだに3回昇進した。信頼できる人材は、業績の面でも申し分のないハイパフォーマーだったのだ。

「あなたの判断を信頼する」——この言葉を心から言えるとき、チームは魔法のようにうまくいく。メンバーに責任感が生まれ、自信を持ってリスクを取れるようになる。成長し、信頼が強まる。そして、信頼は信頼を呼ぶ。

エグゼクティブ・コーチのキム・スコットは、著書『グレートボス』のなかで次のように述べる。

「メンバーとのあいだに信頼関係を築くことができれば、おたがいに同じ方向に向かって行動できる。何度も同じことを言ったり、無理強いする必要がない」[4]

人の採用は、エフォートレスな成果を生みだすひとつの決断だ。

一度正しくおこなえば、何百倍もの価値をもたらしてくれる。逆に一度間違えると、何度も繰り返し損をすることになる。たとえるなら、ケチって粗悪なオイルフィルターを使うようなものだ。短期的には回るかもしれないが、すぐに劣化してエンジン全体をダメにしてしまう。

人ひとりを採る決断は、その後の何千もの決断に影響を与える。それぞれの新入社員が将来の新入社員に影響を与え、やがて社内の規範や文化を少しずつ変えていくことになるからだ。

早く人員の穴を埋めたいというプレッシャーはわかる。だが焦って採用すると、長期的に見て損をする可能性が高い。時間をかけて上手に採用したほうが、将来にわたってスムーズなチームワークを期待できる。

信頼度の高い契約をデザインする

人と人との関係は、つねに3つの当事者からなる。Aさん、Bさん、そして両者を取りまく構造だ。

信頼関係が問題になると、多くの人は相手を非難する。経営者が従業員を責め、従業員が経営者を責める。教師は生徒を責め、生徒は教師を責める。親が子を責め、子が親を責める。時には自分の非を認める場合もある。

だが、人間関係の構造そのものに目を向ける人は多くない。

人間関係には、たとえ明示的なものでなくても、つねに何らかの構造がある。

信頼度の低い構造の場合、たがいの要求が不明確で、目標が食い違い、誰が何をしているのかわからない。ルールがあいまいで、成功の基準がはっきりしない。優先順位が不明確で、インセンティブが一貫しない状態だ。

一方、信頼度の高い構造の場合、期待値が明確である。目標が共有され、役割が明確に定義されている。ルールと基準が明示され、優先順位がはっきりしている。そして、正しい目標に向けて、一貫したインセンティブと報酬が与えられる。

信頼度の高い関係が望ましいことに議論の余地はないだろう。

問題は、放っておくと信頼度の低い構造になりやすいということだ。

私は以前、自宅のリフォームのために複数の専門家を雇った。彼らは3つの異なる会社に勤めていたが、長年にわたってさまざまなプロジェクトをともに遂行してきた職人たちだった。たがいに仲がよかったし、仕事の能力も高そうだった。きっと信頼度の高い仕事ができるだろうと私は期待した。

最初に不安がよぎったのは、日付の入った契約書を求めたのに、それが届かなかったときだった。しかし、早くリフォームしたいという焦りもあって、そのまま工事を進めてもらうことにした。これは近視眼的な選択だった。

専門家たちは、一人ひとりは十分に能力が高かったが、チームとしてのまとまりを欠いていた。段取りが合わず、全体のワークフローが不明確だった。一人がある仕事を終えて、ようやく次に何をするかが決まるといった具合だ。そのため、単純なキャビネットの設置が何週間も遅れることもあった。

ミスコミュニケーションも多かった。作業員が到着しても、肝心の材料が届いていない。締め切りの合意が取れていない。誰が何をするのかが不明確で、作業が重複したり、抜けがあったりする。家電を設置する場所のサイズ指定が間違っていたため、いったん届いてから別のメーカーのものを取り寄せなければならないこともあった。

その結果、リフォームの完成は遅れ、予算も大幅にオーバーした。関係者全員が必要以上に苦労することになってしまった。信頼度の低い関係の典型例だった。

この失敗から数年後、私は建設業界の効率低下に取り組む業界団体ＬＣＩ（Lean Construction Institute）に招かれ、講演をおこなった。[5] １９６０年代以降、ほかの労働集約型産業では効率化が図られてきたが、建設業ではうまく進まなかった。

現在、アメリカの建設プロジェクトの70％が納期遅れや予算超過となっている。

さらに問題なのは、毎年８００人の建設関連の死亡者と数千人の負傷者が報告されていることだ。

この状況を改善するために、ＬＣＩはプロセスを改革することにした。

その一例が「ディール」と呼ばれる独自の契約形態だ。

ディール契約では、個人の貢献度ではなく、プロジェクト全体の成果によって各メンバーの報酬が決まる。このようにインセンティブを調整することで、関係者全員がひとつのチームとして行動し、自分の利益よりもプロジェクト全体の利益を優先するようになる。その結果、当事者意識が芽生え、プロジェクトの効率化に向けて自発的に動けるようになる。

家をリフォームするときも、仕事のチームを率いるときも同じだ。信頼度の高い契約をデザインすれば、チームワークが円滑に効率よく回りだす。関係性に一度投資するだけで、何度も大きな成果が期待できる。

契約といっても、難しいことをする必要はない。下のような内容を明文化し、一緒に確認するだけでもいい。

どんな関係であれ、信頼構築のために少し時間をかければ、その成果は何倍にもなって返ってくる。ささやかな努力を累積的な成果に変えるレバレッジだ。

信頼度の高い契約

結果	どのような結果を望んでいるか?
役割	誰が何をするのか?
ルール	最低限達成すべき基準は何か?
リソース	どのようなリソース(人、お金、ツール)が必要で利用可能か?
評価	進捗をどのように評価し、報酬につなげるか?

第15章

PREVENT《予防》

問題が起こる前に解決する

1977年、アリ・マオ・マーランは、ソマリアのメルカという町で病院の料理人をしていた。[1]この地で天然痘の流行が起こり、彼は感染した2人の子どもを隔離キャンプに連れていく案内役を志願した。

本当は事前に予防接種を受けるべきなのだが、注射はかなり痛そうだった。移動時間はほんの10分だし、まず感染することはないだろうとマーランは思った。

症状が出はじめた頃には、すでに家族や友人など多くの人と接触していた。WHO(世界保健機関)が急遽対策チームを派遣し、2週間かけて地域の5万4777人にワクチン接種をおこなって、なんとか蔓延を食い止めた。

マーランが1本の注射を受けていれば、回避できたはずの出来事だった。

この話にはハッピーエンドがある。数年にわたる天然痘撲滅キャンペーンの幕がついに下りたのだ。1978年4月17日、WHOのナイロビ事務所は電報でシンプルなメッセージを送った。

「検査完了。新たな症例なし。アリ・マオ・マーランは世界で最後の天然痘患者である」

20世紀に3億人もの死者を出した天然痘は、保健当局が総力をあげてワクチン接種をおこなった結果、ついに研究室の中だけのものとなった。

予防が累積的な成果を生むというのは、直感的にわかりづらいかもしれない。だが、たった一度の介入で計り知れない数の命を救い、数世紀にわたってつづいてきた問題を根絶することを、ほかに何と呼べるだろうか？

時間管理のロングテール

ジョンは机の引き出しを開けた。[2] ペンを取りだし、引き出しを閉めようとするが、なかなか閉まらない。そこで、いつものように引き出しを全力で開けて、ガタガタ振って、また閉めて、開けてを繰り返してみた。

しばらくそうやっていると、同僚のディーン・アチソン（生産性向上の第一人者であるデビッド・アレンの師匠）が「どうしたんだ」と声をかけてきた。2人で調べてみた結果、鉛筆立てが中で引っかかっていたことがわかった。

いつから調子が悪かったのか、とディーンがたずねると、「2年前から」とジョンは答えた。「2年間、毎日これでイライラしていたんですよ」

それを解決するのにどれくらいの時間がかかったか？　ほんの2分だ。


なぜ多くの人は、問題を必要以上に長く我慢してしまうのだろうか。それは問題を解決するよりも、ごまかすほうが手軽だからだ。ジョンにとっては30秒間ガチャガチャとやるほうが、引き出しの中を精査して問題の原因を調べるよりも手軽だったわけだ。

だが長期的な視点で見ると、計算結果が変わってくる。今日も明日も、その先何百日も同じ問題に悩まされることを考えれば、一度だけ手間をかけて根本的に解決したほうがずっとコストが低い。長期的には、きちんと直したほうが絶対にお得なのだ。

たった2分間の努力で、将来の何百もの不満を防ぐことができるのだから、圧倒的な利益率である。

これを私は「時間管理のロングテール」と呼んでいる。ロングテールの視点で時間を投資すれば、長い期間にわたって持続的な利益を得ることができる。

ちょっとしたイライラ（引き出しがうまく閉まらないなど）に慣れて、それが当たり前になってしまうことは珍しくない。気になってはいるのだが、わざわざ解決するまでもないと感じてしまうのだ。しかし、その場では「割に合わない」と思われる作業でも、長い目で見ればその１００倍の時間と手間を節約できる場合がある。

この癖を直すために、自分自身に問いかけてみよう。

1　自分を何度もイライラさせる問題は何か？
2　その問題を放置した場合の年間コストはどれくらいか？
3　それを解決するために、数分ですぐにできるステップは何か？

目標は、最小の時間で解決できる、最大のイライラを見つけることだ。

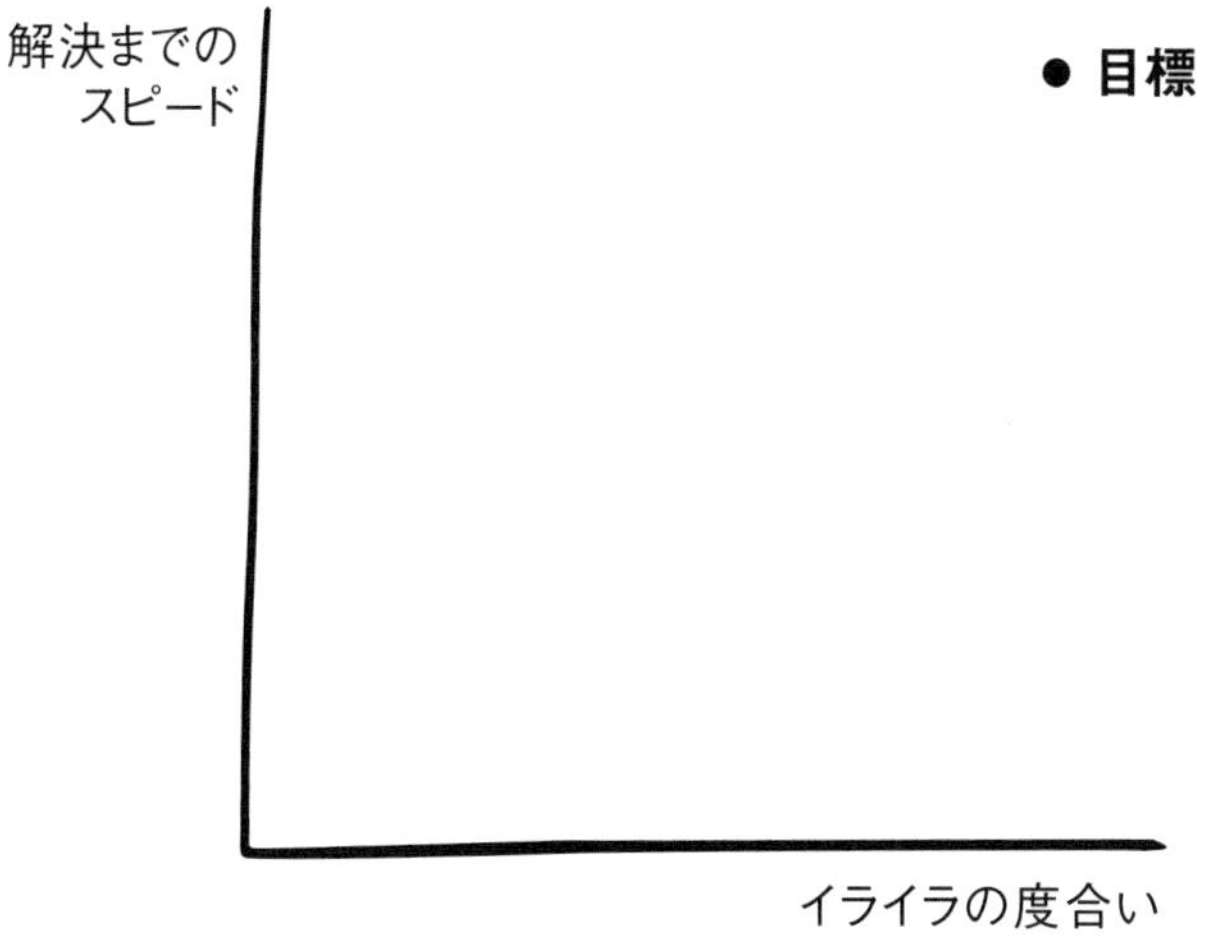

この質問に答えてみると、今後の生活を楽にしてくれる小さな行動に気づくだろう。

たとえばあるクライアントは、いつも会議に遅刻していた。遅刻すれば信頼を失うことはわかっていたのだが、皮肉なことに「また遅刻するのではないか」という不安が強すぎて、時間を把握できなくなってしまうのだ。

解決策として、毎晩2分かけて翌日のカレンダーを確認し、会議の5分前にリマインダーを設定することにした。リマインダーが設定されているだけでも不安が軽減され、彼女はすぐに「いつも遅刻する人」という評判を払拭することができた。

枝葉ではなく、根を叩く

「悪の枝を叩く者は何千といるが、悪の根を叩く者は希少だ」と、ヘンリー・デイヴィッド・ソローは言った。[3] 問題をだましだましやっていくのは、小さな枝を叩くようなものだ。問題を防ぎたいなら、根をしっかりと叩かなくてはならない。

いつも枝葉を切っていれば、枝葉を切るのはうまくなるかもしれない。だが、それでは問題は解決しない。この先いつまでたっても、同じ問題に悩まされることになる。

あなたの人生や仕事において、繰り返し起こる問題やフラストレーションはないだろうか。単に枝葉を切るのではなく、根本からやっつける方法を考えてみよう。

枝葉を叩く	根を叩く
心臓病で何年も薬を飲み、侵襲性の高い手術を受ける。	食事と運動に気をつけて、定期的に健康診断を受ける。
プロジェクトの完成が遅れたことを、関係者に何度も何度も謝罪する。	プロジェクトが期日通りに完了するように、プロセスを改善する。
生徒が授業を聞いてくれないことに、絶えず不満を抱いている。	年度が始まる前に、親と生徒と面談して授業態度についての契約を結ぶ。
課題の締め切り前にいつも徹夜をして疲れ果てる。	課題の提出期限の1週間前から、毎日60秒のタイムブロックを設けて課題に取り組む。
子どもが毎日部屋を散らかすので、小言を言いながら後始末をする。	楽しく片づけられるポジティブな習慣を子どもに身につけさせる。

コードブルーを未然に防ぐ

メアリーの心臓が突然停止し、看護師がコードブルーを発令した。[4] 彼女は簡単な膝の手術のために病院に来ており、健康状態はきわめて良好なはずだった。すぐに救命チームが手術室に駆けつけ、メアリーはなんとか一命を取りとめた。

メアリーの看護師は、自分がいくつかの警告サインを見逃していたことに気づき、愕然《がくぜん》とした。心臓停止の約6時間前、メアリーの呼吸がわずかに荒くなり、会話がしづらい様子だった。だが、バイタルサインが正常だったため、とくに心配しなかった。その2時間後、血中酸素濃度が少し低下し、「なんだか疲れた」と言っていた。それでも看護師は、医師を呼ぶほどではないだろうと判断してしまった。

研究によると、心臓発作の6~8時間前に微妙な前兆が見られることは多い。しかし現場のスタッフは、その程度で医師を呼ぶことをためらい、もっと深刻な症状が出るまで待ってしまう。そのあいだに、危機を防ぐための機会はどんどん失われていく。

数年前、オーストラリアの病院が、この前兆を利用して心筋梗塞の可能性を事前に発見するシステムを考案した。看護師と呼吸療法士と医師からなる専門の緊急対応チーム（R

RT）を編成し、前兆となる症状のリストと、アクションを起こすための閾値《いきち》を明示する。そして当てはまる症状が見られたら、すぐにRRTに連絡する。

たとえば心拍数が1分間に40以下、または130以上になったら、看護師はかならずRRTを呼ばなければならない。

このシステムはすぐにアメリカの病院でも採用され、コードブルーが71％、死亡者数が18％減少した。RRTが成功した理由を、ある医師はこう説明する。

「重要なのは時間です。問題を発見するのが早ければ早いほど、危険な状況を回避できる可能性が高くなります」

小さな行動を今やっておけば、将来の大きな問題を防ぐことができる。

この原則は、日々のあらゆる場面に当てはまる。

2回測って1回切る

2014年、フランスの風刺新聞カナール・アンシェネは、フランスの鉄道駅で奇妙な事態が起こっていることに気づいた。[5] 複数の駅のホーム幅が、なぜか少しずつ狭くなっているようなのだ。理由は誰にもわからなかった。同紙はフランスの国営鉄道会社SNCF

に問い合わせたが、広報担当者は口を閉ざしていた。記者たちはさらに調査をつづけた。

原因は意外なものだった。その年の初めに、ＳＮＣＦは鉄道システムを近代化するため、２００億ドルを投じて２０００両の新しい車両を導入していた。最新鋭のモダンな車両で、フランス国内で製造されたものだ。この立派な電車はフランス人のプライドを満足させた。

問題は、この車両がフランスの駅のサイズに合わないことだった。多くの駅でホームがせり出しすぎて、車両を通すには8インチ（約20センチ）ほどホームを削る必要があったのだ。

カナール・アンシェネがこの大失敗を記事にしたとき、ＳＮＣＦは３００本のプラットホームを8インチ削り終え、あと１０００本ほど削ろうとしているところだった。フランスの納税者が負担するコストは、全体で６５００万ドルにもなった。

ＮＰＲのレポーターは、カナール・アンシェネのコラムニストにインタビューした際、誰もが気になっていた疑問を投げかけた。

「１９３８年から営業している国鉄のＳＮＣＦが、いったいなぜ駅に合わない列車を購入するという馬鹿げたことをしてしまったのですか？」

その答えはなかなか判明しなかった。責任のなすり合いが始まった。フランスの運輸大臣はこのミスを「喜劇」と呼び、前政権が国有鉄道をSNCFとRFFの2社に分割したことを責めた。そして最終的に、問題の原因は予防可能な単純ミスに行き着いた。

RFFがSNCFに寸法を提供する際、30年以内に建設されたホームだけを測定し、ほかのホームも同じ規格だろうと思い込んでいたのだ。しかし地方にあるホームの多くは50年以上前に建設されたもので、今より狭い規格でつくられていた。

「たとえばフェラーリを買って自宅のガレージに駐めようとしたら、ガレージが小さすぎて入らなかったと、そういう話です。以前はフェラーリを持っていなかったので、気づかなかったわけです」と、RFFの広報担当者は言い訳している。

別の担当者は「問題の発見が少々遅かった」と認めた。たしかにそのとおりだ。

ひとつの小さな仮定が検証されないまま車両がつくられ、2000両も購入される。それほど規模は大きくなくても、誰もが似たような失敗を経験しているはずだ。

子どもの頃、図画工作の時間に「2回測って1回切りましょう」と言われなかっただろうか。

1回しか（または1回も）測らずに切ると、サイズを間違えて失敗する可能性がある。今回のケースでは、RFFが駅のホームについて誤った仮定をし、その結果、不正確な測定値を伝えてしまった。

結果はそれだけにとどまらない。現実世界ではものごとが複雑に絡み合っているため、ある行動が二次的、三次的な結果をもたらす。このケースでは、計測が不正確だったために電車の幅が広すぎ、300の駅で大規模な工事が必要となり、政府は6500万ドルの支出を余儀なくされた。学校や病院、ホームレスのシェルターなどに充てることができたはずのお金だ。

ひとつミスがあると、ドミノ倒しのように連鎖する。ミスを未然に防ぐことは、そのあとにつづく無数の連鎖反応を防ぐことにもつながるのだ。

PART 3のまとめ　エフォートレスのしくみ化

エフォートレスのしくみ化とは何か	・エフォートレスな精神を身につけ、エフォートレスな行動を取れるようになったら、次の一歩はエフォートレスをしくみ化することだ。できるだけ少ない努力で、望む結果が何度も繰り返し得られるようにしよう。エフォートレスをしくみ化すれば、何度も同じ努力をすることなく、自動で成果を出すことができる。
LEARN （学習） **一生モノの知識を身につける**	・目先の方法ではなく、原則を学ぶ。 ・基本を深く理解し、さまざまな場面で応用する。 ・巨人の肩の上に立ち、先人の知を最大限に活用する。 ・独自の知識を開拓し、永続的なチャンスを手に入れる。
LIFT （強化） **いちばんシンプルに伝える**	・いちばんシンプルに伝える ・教えることをレバレッジにして、力を何倍にも引き出す。 ・教え方を教えれば、影響範囲は大きく広がる。 ・自分が教えたことを実践し、学びの成果を確認する。 ・理解しやすく、覚えやすいストーリーを伝える。

AUTOMATE （自動化） **勝手に回る** **「しくみ」をつくる**	・できるだけ多くのタスクを自動化し、脳の利用可能なスペースを広げる。 ・記憶に頼らず、チェックリストを活用して作業のミスを防ぐ。 ・将来の決断を減らすような単一の決断を探す。 ・重要なことはハイテクな方法で、不要なことはローテクな方法で。
TRUST （信頼） **不信のコストを** **削減する**	・信頼を活用し、摩擦のない効率的なチームをつくる。 ・正しい人を一度雇えば、繰り返し成果を出してもらえる。 ・誠実さ、知性、自発性を備えた人材を採用する。 ・求められる成果、役割、ルール、リソース、報酬を明確にする。
PREVENT （予防） **問題が起こる前に** **解決する**	・問題をごまかさず、問題が起こる前に解決する。 ・明日の困難を防ぐために、今すぐ簡単にできることを探す。 ・何度も繰り返される問題を解決するために、2分間だけきちんと取り組む。 ・ミスを未然に防ぐために、「2回測って1回切る」

Epilogue

エフォートレス思考を生きる

うちの家族は少し前、のどかな田舎に引っ越してきた。通りには白い柵が並び、街灯はない。道路は少なく、馬が通る小道のほうが多い。

子どもたちは犬と一緒に外で遊んだり、馬に乗ったり、テニスをしたりして長い1日を過ごした。朝の散歩をし、サイクリングを楽しんだ。庭にはリンゴやブドウの木、メロンの苗などを植えた。まるで地上の楽園のような場所だ。

娘のイヴはとくに生き生きとしていた。金髪に茶色い目、いたずらっぽい笑顔が魅力的な子だ。とにかくいつでも機嫌がよく、わざと顔をしかめてみても、ほんの数秒で笑いだしてしまう。

イヴは自然の中にいるのが大好きで、50フィートもある巨大なモミの木のてっぺんに登ったこともある。裸足で走りまわり、トランポリンで弟と何時間もじゃれ合い、鶏に名前をつけ、トカゲを10匹も捕まえてはやさしく放してやった。

イヴは、馬や蜂や虫に関する本を夢中で読んでいた。お気に入りは、ヨークシャーに住む獣医が農場の動物と一緒に冒険するシリーズだ。彼女は毎日、自分の冒険を日記に書いていた。

いつだったか出張に連れていったときには、妻に電話して「出発してから1時間半も、文字通りしゃべりっぱなしだよ」と伝えたものだ。はつらつとしてユーモアに富んだ、素敵な会話だった。

そんなイヴだが、14歳になってから疲れを頻繁に訴えるようになり、口数が減った。手伝いをするにも時間がかかる。思春期だからそんなものだろうかと思っていたが、ある日の定期健診で、反射の検査に異常が出た。検査をした理学療法士からは「神経科で診てもらったほうがいいかもしれません」と言われた。すぐに診察の予約を入れた。

それからというもの、イヴの症状は日々悪化していった。

わずか数週間のうちに、言葉が片言しか出なくなり、声も鈍く単調になった。また、右半身の反応が左半身よりも遅れていた。自分の名前を書くのに2分かかり、食事をするのに何時間もかかった。彼女の全身からあふれるようだった明るさは、すっかり翳《かげ》ってしまった。

そしてある日、大きな発作を起こして病院に担ぎ込まれた。

絶望的だったのは、医師が何の説明もしてくれなかったことだ。いまだに診断の手がかりすらつかめていない状況だった。

著名な神経科医を片っ端から訪れてみたが、どの医師も眉をひそめるだけだった。検査に検査を重ねたが、結果はすべて陰性だった。どこに異常があるのかわからない。あれほど元気だった娘がどんどん弱っていくのに、何の説明も得られない。

これほど苦しいことがあるだろうか。

結論の出ない検査を受けるたびに、前途が見えなくなっていった。私たちの前に立ちはだかる困難はあまりに大きく、立ち向かう術《すべ》はないように思えた。


私たちの望みは、イヴがよくなることだけだった。それは単に重要というだけでなく、ただひとつの、望みだった。

そこにたどり着くために、どうするか。道は2つあった。1つは、この困難な状況を重く受け止めること。もう1つは、困難な状況を軽くすることだ。

シンプルな選択に見えるかもしれない。だが現実は、そんなに簡単なものではない。

親としては本能的に、あらゆる方向から全力でこの問題と戦わねばならないと感じていた。寝ても覚めても娘のことを心配し、全米のあらゆる神経科医に助けを求め、100万回も質問をし、徹夜で医学雑誌を読み、治療法や診断法がないかとグーグルで検索し、さらに選択肢として代替医療をリサーチする。

事態の深刻さを考えれば、超人的な努力が必要だろうと考えた。

しかし、そんなやり方では長くつづかないし、事態をより悪くする可能性もある。

幸いなことに、私たちは第二の道を選んだ。親が死にものぐるいで努力しても、娘を助けることにはならない。むしろ、その逆だ。私たちがやるべきなのは、日々を少しでも楽に過ごす方法を見つけることだった。

いつまでつづくかわからない戦いのなかで、私たちが燃えつきることだけは避けねばならなかった。いつまでも火を絶やさないためには、無理のないペースで燃料を投下する必要がある。

だから「やらないこと」「できないこと」を決めた。状況はただでさえ厳しいのだから、それ以上に自分たちを追い込むべきではない。

やらないこと

・答えの出ない質問をして自分を苦しめない

・最悪のケースを想像して思い悩まない

・医師が答えを出せなくても不満を言わない
・状況を否定したり、「そんなに悪くない」と言い聞かせたりしない
・無理に期限を決めない
・「なぜ私たちだけが」とは言わない
・医学雑誌の記事すべてに目を通して分析したりしない
・ひとりで抱え込まない

その代わりに、私たちはシンプルで簡単なこと、自分たちでコントロールできることに集中することにした。

私たちは、ピアノを囲んで歌った。
散歩をした。
本を読んだ。
ゲームをした。
ポジティブなことに目を向けた。
一緒に祈った。
みんなで夕食をとった。

おたがいに乾杯した。
おしゃべりをした。
顔を見合わせて笑った。
今あるものに感謝した。

そんなふうに日々を過ごすうちに、何か不思議な力がはたらいていることに気づいた。それまでの重さが嘘のように、気持ちが軽くなったのだ。

私たちはもう、疲れ果てていなかった。燃えつきることもなかった。

もちろん、心配ごとが完全になくなったわけではない。通院はつづけなくてはならないし、検査も受けなくてはならない。負けそうな日もあった。たくさん泣いた。

それでも歌ったり、笑ったり、食べたり、思い出をつくったりすることを忘れなかった。それは闘病という言葉の響きよりも、ずっと穏やかな日々だった。

「無理に頑張らない」と決めた瞬間から、私たちはどこか自由で軽やかな気持ちになっていた。

もしもこの話がディズニー映画なら、イヴはすっかり元気になり、みんなでずっと幸せに暮らしました、と書くところだ。だが、治療がいくらか功を奏したかと思われたあと、彼女の病状はまた悪化した。ふたたび困難がやってきたのだ。もしも最初の治療でエネルギーを使い果たしていたら、この挫折にどう対処できただろうか。


それから2年が経った。イヴは少しずつ回復している。

まだ道半ばではあるが、きっと完全に治ると私たちは信じている。

イヴの顔には微笑みが戻り、冗談も言えるようになった。歩き、走り、本を読み、日記を書くこともできる。はつらつとした彼女が帰ってきたのだ。


この経験から私が学んだのは、選択の大切さだ。

あなたの人生に何が起こったとしても。

苦難や痛みがどんなに大きかったとしても。

いま何をすべきかを選択するあなたの力に比べれば、それらはまったく瑣末なことだ。

現在を意味する「now」という英単語は、ラテン語の「novus homo」（新しい人）に由来する。

すべての新たな瞬間は、やり直すチャンスだ。新たな選択をするチャンスなのだ。

あなたの人生に何が起こったとしても。
苦難や痛みがどんなに大きかったとしても。
いま何をすべきかを選択するあなたの力に比べれば、
それらはまったく瑣末なことだ。

人生の軌道は、ほんの一瞬で変化する。

たとえば、私たちが「選ぶ」ことを選んだ瞬間。

たとえば、「許す」ことを決めた瞬間。

たとえば、過ちを認めた瞬間。やり直すことにした瞬間。誰かに愛を伝えた瞬間。

一つひとつの新たな瞬間が、その後のすべての瞬間を生みだす力になる。


一瞬一瞬、私たちは選択を迫られる。重いほうを選ぶか、それとも軽いほうを選ぶか。

私たちは、娘がどんどん弱って抜け殻のようになり、そこからまた戻ってくるのを見届けた。その体験のおかげで、私は本書を書くことを決意した。

私たちが学んだこと、得たことを言葉にするために。人生のエッセンシャルな道のりを軽やかに進む方法を、読者のみなさんと共有するために。

本書からひとつだけメッセージを受けとっていただけるなら、次のことを覚えておいてほしい。

人生は私たちが思うほど困難ではないし、複雑でもない。

詩人ロバート・フロストが書いたように、私たち一人ひとりのなかには「守るべき約束があり、眠りにつく前に進むべき道程がある」[1]。

その途上にどんな困難が待ち受けていようとも、あなたはいつだって、よりシンプルで簡単な道を選ぶことができるのだ。

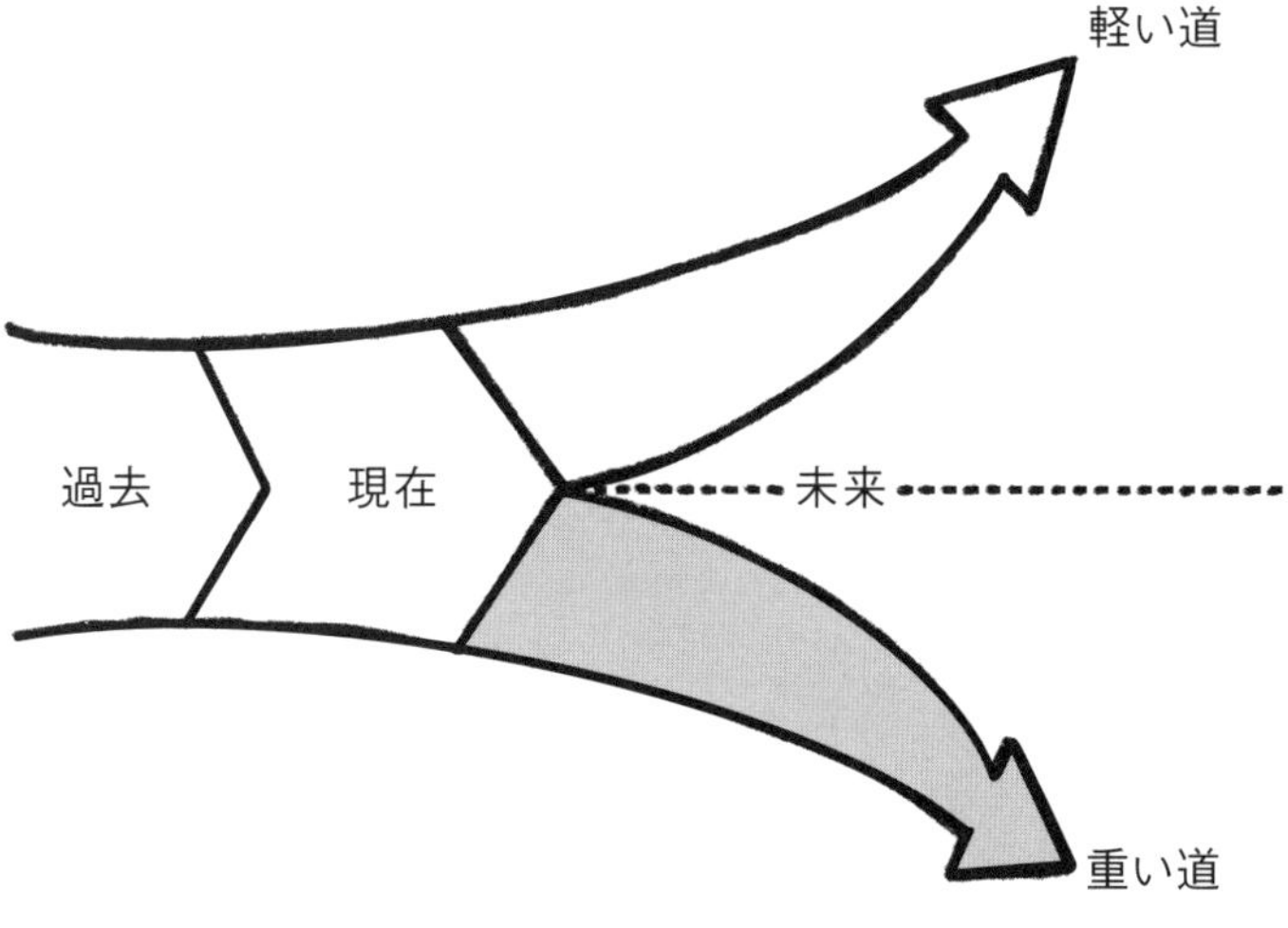

謝辞

本書は何年もかけて、多くの人のおかげで完成した。

とりわけ以下の方々に深い感謝を捧げる。

アンナ・エリザベス・マキューン。この本のすべてのページには、君の指紋がついている。いつも前向きな君がいなければ、本書の完成はなかっただろう。100種類ものタイトルを話し合い、私の執筆を支え、最優先事項をエフォートレスに実行できるような家族の文化をともにつくってくれたことに心から感謝する。

すばらしい相談相手になってくれた私の子どもたち、グレイス、イヴ、ジャック、エスター。本書のタイトルとサブタイトルのあらゆるバージョンを聞き、的確なアドバイスをしてくれた。読者はみんな、君たちが本書を洗練させてくれたことに感謝しているはずだ。そして、家族の物語を人々にシェアすることを許してくれてありがとう。いくつかの物語はとても個人的で、神聖なものだ。それらがきっと読者の力になると信じている。

原稿を読み、かけがえのないフィードバックと励ましを与えてくれた親戚のみなさんにも感謝する。おかげで本書はより特別なものになった。

最高の文芸エージェントであるレイフ・サガリン。いつも刺激的な対話と洞察力を与えてくれてありがとう。もう何年もの付き合いになるが、いつも変わらずサポートしてくれて感謝する。

編集者のタリア・クローン。『エッセンシャル思考』と『エフォートレス思考』の2冊をあなたとともにつくることができたのは、私のキャリアにおける大きな喜びだ。一緒にドキュメントを開いて作業するのは本当に楽しい体験だった。リアルタイムで文章がよくなっていくのは、まるで『ハリー・ポッター』のワンシーンを見ているようだった。あなたと一緒にこのプロジェクトができて本当によかったと思う。

「チーム・エフォートレス」に加わってくれたジョナサン・カレン。すばらしい働きをありがとう。リサーチとコラボレーションの力、プロジェクトに対する信念、そして驚きと喜びに満ちたストーリーを探し求めるあなたの意志に、心から感謝する。

原稿を読み、フィードバックをくださった人々――サム・ブリッジストック、ニール・デボー、スティーブ・ホール、ナンシー・ジョセフソン、ソラヤ・ホールド、ジェイド・コイル、ジム・ミークス、ジェイソン・ピーリー、ジェニファー・リード、ハリー・レイノルズ、ジェレミー・アトリーの各氏に感謝を捧げる。

表紙のすばらしいグラフィックを何バージョンも提供してくれたテリー・ラドストーン、本文中のグラフィックを情熱的にサポートしてくれたデニス・レオンに感謝を捧げる。

世界中のエッセンシャリスト（読者、リスナー、同僚）にも心から感謝している。みなさんが私のやる気に火をつけてくれた。私の目標は、ただ本を書くことではなく、みなさんのために本を書くことだ。

最後に、本書の道のりに新たな意味を与えてくれたすばらしい言葉を引用したい。

「わたしのくびきは負いやすく、わたしの荷は軽い」

（マタイによる福音書　11章30節）

原注

Prologue

[1] Patrick McGinnis, *The 10% Entrepreneur: Live Your Startup Dream Without Quitting Your Day Job* (New York: Portfolio/Penguin, 2016) , 3-12. [『10% 起業 1 割の時間で成功をつかむ方法』パトリック・J・マクギニス著、長谷川圭訳、日経 BP、2016] 2020 年 8 月におこなった本人とのインタビューにも依拠している。

[2] ジョージ・オーウェルの『動物農場』には多くの版があるが、馬のボクサーは第 3 章の冒頭で、どんな問題にも「俺がもっと頑張るよ」と答える強い労働者として描かれている。第 9 章の終わりでは、ボクサーは弱って死にかけながらもこの言葉を口にしようとする。

[3] エッセンシャル思考とエフォートレスをより深く身につけたい人は、ぜひエッセンシャル思考のウェブサイト（英語）から Essential Academy に参加してほしい。essentialism.com

[4] "How Do Polarized Sunglasses Work?," *SciShow*, August 11, 2018, YouTube, https://www.youtube.com/watch?v=rKlZ_ibIBgo.

[5] ジョージ・エリオット『ミドルマーチ』に登場する名言を、少し修正して使用した。原文は [What do we live for, if it is not to make life less difficult to each other?]（George Eliot, *Middlemarch: A Study of Provincial Life*, pt. 8, chap. 72; in Blackwood's 1872 edition, vol. 4, pp. 180-81）。ジョージ・エリオットは、ヴィクトリア朝時代のイギリスの詩人・小説家、メアリー・アン・エバンスのペンネームである。引用部分のセリフ全文は以下の通り。「リドゲイトさんは、もしご自分が中傷されているのを、お友達が聞いたら、すぐにもかばってくれるだろうと思っておられるはずです。おいたがに、生き辛さを減らすようにしようとしないのなら、私たちは何のために生きているのでしょう？　私が困っているときに助言してくれて、私が病気のときに付き添ってくれた人が困っているのに、私は知らん顔なんかしていられませんわ」[『ミドルマーチ 4』ジョージ・エリオット著、廣野由美子訳、光文社、2021]

PART 1

[1] ダンは以下のインタビューでフリースローの秘訣を語っている。Brian Martin, "Elena Delle Donne Is the Greatest Free Throw Shooter Ever, "WNBA, September 7, 2018, https://www.wnba.com/news/elena-delle-donne-is-the-greatest-free-throw-shooter-ever/. 2019 年、彼女は 1 シーズンでフィールドゴール 50%、スリーポイントシュート 40%、フリースロー 90% を記録。NBA の男性選手でこれを達成した人はこれまで 8 人しかいない。Scott Allen, "'Insane Numbers': NBA Stars Welcome Elena Delle Donne to 50-40-90 Club, "*Washington Post*, September 9, 2019.

[2] Carl Zimmer, "The Brain: What Is the Speed of Thought?," *Discover*, December 16, 2009, https://www.discovermagazine.com/mind/the-brain-what-is-the-speed-of-thought. この論考は次のように締め括られる。「鳥よりも速く、音よりは遅い。ただ、それが決定的というわけではない。結局は効率やタイミングのほうが重要になるだろう」

[3] Nilli Lavie and Yehoshua Tsal, "Perceptual Load as a Major Determinant of the Locus of Selection in Visual Attention," *Perception and Psychophysics* 56, no. 2 (1994) : 183-97.

[4] Anne Craig, "Discovery of 'Thought Worms' Opens Window to the Mind," *Queen's Gazette*, July 13, 2020, https://www.queensu.ca/gazette/stories/discovery-thought-worms-opens-window-mind.

[5] A. Tsouli, L. Pateraki, I. Spentza,and C. Nega, "The Effect of Presentation Time and Working Memory Load on Emotion Recognition," *Journal of Psychology and Cognition* 2, no. 1 (2017) : 61-66. 被験者は、恐怖、怒り、幸せ、中立の表情をした顔写真を見せられ、ワーキングメモリの負荷課題をおこなった。その結果、幸せな顔や中立的な顔ではワーキングメモリに負荷がかからなかったが、ネガティブな表情の顔では反応時間が遅れることがわかった。この結果から、人は周囲の人が友好的である場合は半ば自動的に認識できるが、脅威に遭遇したときにはワーキングメモリを駆使し、状況をより詳細に評価することが示唆された。

第１章

[1] 2019 年 9 月～ 2020 年 6 月にかけての本人とのやりとりにもとづく。

[2] "The Long History of the Phrase 'Blood, Sweat, and Tears,'" Word Histories, accessed October 15, 2020, https://wordhistories. net/2019/03/28/blood-sweat-tears/. この言い回しは 1940 年 5 月 13 日、ネヴィル・チェンバレンに代わって首相に就任したウィンストン・チャーチルが英国下院で演説したことで広まった。「血、労苦、涙、汗のほかに、差し出せるものはありません」というのがチャーチルの言葉だ。この比喩の原型は、17 世紀初頭にイギリスの詩人ジョン・ドンネが書いた『この世の解剖』という詩に出てくる。

[3] Daniel Kahneman, *Thinking, Fast and Slow* (New York: Farrar, Straus and Giroux, 2013) , chap. 5. [『ファスト & スロー：あなたの意思はどのように決まるか？』ダニエル・カーネマン著、村井章子訳、早川書房、2012]

[4] Edward B. Van Vleck, "Current Tendencies of Mathematical Research," *Bulletin of the American Mathematical Society* 23, no. 1 (1916) : 1-14. The American mathematician Edward Burr Van Vleck wrote in 1916 of Jacobi's approach: "It was by turning the elliptic integral inside out that Jacobi obtained his splendid theory of elliptic and theta functions."

[5] Robert Isaac Wilberforce and Samuel Wilberforce, *The Life of William Wilberforce* (London: John Murray, 1838) . 1787 年に始まったウィルバーフォースの反奴隷運動への取り組みは、彼の死から 5 年後に息子たちによって出版されたこの伝記によく記録されている。ウィルバーフォースは、トーマス・クラークソン牧師に宛てた手紙のなかで反奴隷運動を「我々の力を注ぐべき最大の大義」と表現した。ただし同年、目標達成への確信は薄れ、4 月 5 日にはマンキャスター卿に宛ててこう書いている。「私の外国人奴隷法案については、正直言って、貴族院を通過する見込みはありません。ですが、このまま棚上げにされるのは気が進みません」。数十年にわたる彼の努力の全貌は、同書巻頭の表を参照のこと。

[6] James Stephen, *War in Disguise; or, the Frauds of the Neutral Flags* (London: J. Hatchard, 1805) ,archive.org/details/warindisguiseorf00step/page/4/mode/2up?q=neutral.

[7] Tom Holmberg, "The Acts, Orders in Council, &c. of Great Britain [on Trade], 1793-1812," Napoleon Series, 1995-2004, https://www.napoleon-series.org/research/government/british/decrees/c_britdecrees1.html. 英国の枢密院令とは、枢密院の助言にもとづいて国王が発する命令のことである。立法とは異なり、議会の承認は必要ない。1807 年のすべての枢密院令は上記ウェブサイトで閲覧できる。

[8] An Act for the Abolition of the Slave Trade, 47 Georgii III, Session 1, cap. XXXVI. 1807 年にこの法律が施行された後、大英帝国では奴隷の売買は違法となったが、奴隷制そのものは一世代にわたって続いた。最終的に奴隷制が違法となったのは 1833 年 8 月 28 日に成立した奴隷制度廃止法による。

[9] T. D. Klein, *Built for Change: Essential Traits of Transformative Companies* (Santa Barbara, Calif. : Praeger, 2010) , 51. 著者はキャリア初期、少人数の会合でケレハーからこの話を直接聞いたと語る。

[10] Tim Ferriss, *Tools of Titans: The Tactics, Routines, and Habits of Billionaires, Icons, and World-Class Performers* (Boston: Houghton Mifflin Harcourt, 2016) . ゴーディンの引用は239ページ、ホフマンの引用は230ページに登場する。

[11] Arianna Huffington, *The Sleep Revolution: Transforming Your Life, One Night at a Time* (New York: Harmony Books, 2016) , 4. [『スリープ・レボリューション：最高の結果を残すための「睡眠革命」』アリアナ・ハフィントン著、本間徳子訳、日経BP社、2016]

[12] Warren E. Buffett, "Shareholder Letter," in *Berkshire Hathaway 1990 Annual Report* (Omaha: Berkshire Hathaway Inc., 1991) , https://www.berkshirehathaway.com/letters/1990.html.

第2章

[1] 2020年6月～8月におこなわれたジェーンへのインタビューとその後のやりとりにもとづく。

[2] Gillian Welch, "Look at Miss Ohio," *Soul Journe*, Acony Records, 2003.

[3] See "Red Nose Day 1980s," Comic Relief, n. d., accessed September 18, 2020. レッド・ノーズ・デイの歴史については以下を参照。comicrelief.com/red-nose-day-1980s/.

[4] "Comic Relief Raises £1bn over 30-Year Existence," BBC News Online, March 14, 2015.

[5] Tim Urban, "Why Procrastinators Procrastinate," Wait But Why, October 30, 2013, waitbutwhy.com/2013/10/why-procrastinators-procrastinate.html. アーバンのブログ「Wait But Why」は、可愛らしいイラストと洞察力で人気を呼んでいる。この記事には以下のようにも書かれている。「暗い遊び場は、先延ばしにする人がよく知っている場所だ。そこでは、遊んでいるべきではない時間に遊びがおこなわれている。暗い遊び場での楽しみは、実際には楽しいものではない。なぜなら、それはまったく正当な権利ではなく、罪悪感や不安、自己嫌悪、そして恐怖に満ちているからだ」

[6] "How to Make Difficult Tasks More Fun," *HuffPost*, October 26, 2012, https://www.huffpost.com/entry/enjoying-life_b_2009016. ロン・カルバーソンは、自らを「ファニーな講演者」と称し、在宅介護のソーシャルワーカーとして人生の終末期にある人々と関わることからキャリアをスタートさせた。詳しくは https://ronculberson.com、またカルバーソンの著書 [*Do It* Well. Make It Fun: The Key to Success in Life, Death, and Almost Everything in the Between (Austin, Tex.: Greenleaf Book Group, 2012)] を参照。

[7] "The LEGO Group History," n. d., accessed September 21, 2020, lego.com/en-us/aboutus/lego-group/the-lego-group -history/. レゴ社の歴史について詳しくは以下を参照。"Automatic Binding Bricks," n. d., accessed September 21, 2020, lego. com/en-us/lego-history/automatic-binding-bricks-09d1f76589da4cb48f01685e0dd0aa73.

[8] Kathryn Dill, "Lego Tops Global Ranking of the Most Powerful Brands in 2015," *Forbes*, February 19, 2015, https://www.forbes.com/sites/kathryndill/2015/02/19/lego-tops-global-ranking-of-the-most-powerful-brands-in-2015/#38a1825b26f0.

[9] "Dan Ariely: The Truth About Lies," *The Knowledge Project*. podcast, May 25, 2018, https://

theknowledgeproject.libsyn.com/irrationality-bad-decisions-and-the-truth-about-lies.

[10] Marie Kondo, *The Life-Changing Magic of Tidying Up: The Japanese Art of Decluttering and Organizing* (Berkeley, Calif.: Ten Speed Press, 2014) , 73. [『人生がときめく片づけの魔法』近藤麻理恵著、サンマーク出版、2010]

[11] Hilary Macaskill, *Agatha Christie at Home* (London: Frances Lincoln, 2014) . The author describes how Christie bought her property in the late 1930s for £6,000. She had an architect renovate it, telling him, "I want a big bath and I need a ledge because I like to eat apples." In *The Agatha Christie Miscellany* (Cheltenham, UK: History Press, 2013) , Cathy Cook writes: "Christie said she did her best thinking while lying in the bath, eating apples and drinking tea. She claimed that modern baths weren't made with authors in mind as they were 'too slippery, with no nice wooden ledge to rest pencils and paper on.'" Also see "The Blagger's Guide to: Agatha Christie," *Independent*, March 30, 2013, https://www.independent.co.uk/arts-entertainment/books/features/the-blaggers-guide-to-agatha-christie-8555068.html.

[12] Edmund Morris, *Beethoven: The Universal Composer* (New York: Atlas/HarperCollins, 2005) , 80. モリスは、ベートーヴェンが朝のコーヒー豆の数え方をはじめとする一連の儀式をどのように連綿と続けてきたかについて次のように語っている。「春、夏、初秋には森やワイナリーで音楽のアイデアを書き留め、冬には都会でその音楽を完成させるという習慣を生涯にわたって続けた。そのため彼の心の中では、成長の季節は創造性と結びつき、葉のない日は清書やリハーサル、コンサート、契約と結びついたのである。1年を通して、彼は夜明けとともに起床し、朝食をとり、可能な限り濃いコーヒーを淹れ（1杯につき60粒の豆を注意深く数えながら）、昼過ぎまで『ピアノデスク』でピアノを弾いては書くという作業をしていた」

[13] Anthony Everitt, *Augustus: The Life of Rome's First Emperor* (New York: Random House, 2006) , 120. [『アウグストゥス：ローマ帝国のはじまり』アントニー エヴァリット著、伊藤茂訳、白水社、2013]

第3章

[1] 熟考の結果それでもストームトルーパーの本格的なコスチュームを購入したいという方は、ネット通販で1000ドルほど出せば買えるはずだ（もう少し手頃なものもある）。ちなみに子ども向けの製品のほうが安価で、より期待に応えてくれるかもしれない。

[2] Guy de Maupassant, "The Piece of String," Project Gutenberg, gutenberg. org/files/3090/3090-h/3090-h.htm#2H_4_0132. [モーパッサン「紐」:『モーパッサン短編集（一)』モーパッサン著、青柳瑞穂訳、新潮社、1971所収]

[3] Barbara L. Fredrickson, "The Broaden-and-Build Theory of Positive Emotions," *Philosophical Transactions of the Royal Society of London. Series B, Biological Sciences* 359, no. 1449 (September 29, 2004) : 1367-78.

[4] Jim Collins, *Good to Great: Why Some Companies Make the Leap...and Others Don't* (New York: Harper Business, 2001) , 165. [『ビジョナリーカンパニー2』ジェームズ・C. コリンズ著、山岡洋一訳、日経BP社、2001]

[5] Jim Collins, *Turning the Flywheel: A Monograph to Accompany Good to Great* (New York: Harper Business, 2019) , 1. [『ビジョナリーカンパニー弾み車の法則』ジム・コリンズ著、土方奈美訳、日経BP、2020]

[6] BJ Fogg, *Tiny Habits: The Small Changes That Change Everything* (Boston: Houghton Mifflin Harcourt, 2019) , 6. [『習慣超大全：スタンフォード行動デザイン研究所の自分を変える方法』BJ・フォッグ著、須川綾子訳、ダイヤモンド社、2021]

[7] Chris Williams, *Let It Go: A True Story of Tragedy and Forgiveness* (Salt Lake City: Shadow Mountain, July 30, 2012).

[8] Clayton Christensen, *Competing Against Luck: The Story of Innovation and Customer Choice* (New York: Harper Business, 2016) , 15. [『ジョブ理論：イノベーションを予測可能にする消費のメカニズム』クレイトン・M・クリステンセン、タディ・ホール、カレン・ディロン、デイビッド・S・ダンカン著、依田光江訳、ハーパーコリンズ・ジャパン、2017] クリステンセンは、ミルクシェイクをもっと売りたいと考えたファストフード店の実例をあげている。「朝９時以前に一人でファストフード店に来た人たちが、驚くほど多くのミルクシェイクを買っていた。だいたい単品で購入し、その場で飲むのではなく、車に乗って去っていく。そこで彼らに聞いてみた。『失礼ですが、謎を解くために教えてください。あなたはどんなジョブを達成しようとして、ここに来てそのミルクシェイクを雇ったのですか？』……朝の顧客はみんな、同じジョブをやろうとしていた。彼らは、通勤時間を楽しくする何かを必要としていたのだ」

[9] J. R. R. Tolkien, *The Two Towers: Being the Second Part of The Lord of the Rings* (London: Allen and Unwin, 1954) . [『二つの塔』Ｊ．Ｒ．Ｒ．トールキン著、瀬田貞二、田中明子訳、評論社、1992] グリマは最初、セオデン王の忠実な部下であり助言者であった。しかし、後にローハンの密かな敵である魔法使いサルマンと手を組み、毒の言葉を用いて王を支配する闇の魔法を使うようになる。ガンダルフは正気を取り戻したセオデンにこう語る。「やつは毒の言葉を四六時中その耳に囁きかけ、思考を毒し、心を冷やし、手足を弱らせていたのです。他の者はどうすることもできませんでした。あなたの意志がグリマに握られていたからです」。トールキンは優れた言語学者であり、グリマという名前は古英語やアイスランド語で仮面やヘルメット、妖怪を意味する言葉に由来している。"Gríma," Tolkien Gateway, n. d., accessed September 21, 2020, tolkiengateway.net/wiki/Gríma.

[10] "Hire Slow, Fire Fast," *Harvard Business Review*, March 3, 2014.

[11] この話は、本書を執筆中の2020年にジョナサンと何度も話し合った内容にもとづいている。トリスタンは幸せで健康に育っており、ジョナサンはいつも私に元気そうなトリスタンの写真を送ってくれる。

[12] "One of the Most Important Lessons Dr. Maya Angelou Ever Taught Oprah," uploaded to YouTube May 19, 2014, https://www.youtube.com/watch?v=nJgmaHkcFP8.

[13] Henry Wadsworth Longfellow, "The Poet's Tale" in *Tales of a Wayside Inn* (Boston: Ticknor and Fields, 1863).

第４章

[1] Paul Sullivan, "Joe Maddon's Unconventional Style Has Made Him the Toast of Chicago," *Chicago Tribune*, September 29, 2016, https://www.chicagotribune.com/sports/ct-cubs-joe-maddon-managerial-style-spt-0930-20160929-story.html, and Carrie Muskat, "Maddon Shakes Things Up with American Legion Week," Major League Baseball, August 20, 2015, https://www.mlb.com/news/cubs-joe-maddon-american-legion-week/c-144340696.

[2] Tony Andracki," American Legion Week Has Come at a Perfect Time for the Cubs," NBC

Sports, August 20, 2019, https://www.nbcsports.com/chicago/cubs/american-legion-week-has-come-perfect-time-cubs-nicholas-castellanos-rizzo-maddon-wrigley-field-little-league-world-series.

[3] K. A. Ericsson, R. T. Krampe,and C. Tesch-RÖmer, "The Role of Deliberate Practice in the Acquisition of Expert Performance," *Psychological Review* 100, no. 3 (July 1993) : 363-406. この研究はマルコム・グラッドウェルの「1万時間の法則」の根拠ともなっているが、研究者らは後に自分たちの結果が誤って解釈されたと主張している。K. A. Ericsson, "Training History, Deliberate Practice and Elite Sports Performance: An Analysis in Response to Tucker and Collins Review-What Makes Champions?," *British Journal of Sports Medicine* 47 (2013) : 533-35.

[4] DaKari Williams, "Katrin Tanja Davidsdottir Plays Mental Game to Win CrossFit Games," ESPN, July 29, 2015, https://www.espn.com/espnw/athletes-life/story/_/id/13337513/katrin-tanja-davidsdottir-plays-mental-game-win-crossfit-games. This account is also based on my interview with Ben Bergeron in July 2020 and "How Katrin Davidsdottir Won the CrossFit Games," episode 65 of Bergeron's show *Chasing Excellence*, March 25, 2019, YouTube,https://www.youtube.com/watch?v=u_oNz-uwFW4.

[5] D. A. Calhoun and S. M. Harding, "Sleep and Hypertension External," *Chest* 138, no. 2 (2010) : 434-43.

[6] Hans P. A. Van Dongen, Greg Maislin, Janet M. Mullington, and David F. Dinges, "The Cumulative Cost of Additional Wakefulness: Dose-Response Effects on Neurobehavioral Functions and Sleep Physiology from Chronic Sleep Restriction and Total Sleep Deprivation," *Sleep* 26, no. 2 (March 2003) : 117-26. 研究の著者らはこう結論づける。「眠気の評価は、被験者がこれらの認知障害の悪化にほとんど気づいていなかったことを示唆しており、このことは慢性的な睡眠不足が覚醒時の認知機能に与える影響が軽視されがちな理由を説明するものである」

[7] "'Sleep Debts' Accrue When Nightly Sleep Totals Six Hours or Fewer; Penn Study Finds People Respond Poorly, While Feeling Only 'Slightly' Tired," ScienceDaily, March 14, 2003, https://www.sciencedaily.com/releases/2003/03/030314071202.htm.

[8] Sean Wise, "I Changed My Sleeping Habits for 30 Days, Here's How It Made Me a Better Entrepreneur," *Inc.*, September 14, 2019, https://www.inc.com/sean-wise/i-changed-my-sleeping-habits-for-30-days-heres-how-it-made-me-a-better-entrepreneur.html.

[9] Brian C. Gunia, "The Sleep Trap: Do Sleep Problems Prompt Entrepreneurial Motives but Undermine Entrepreneurial Means?," *Academy of Management Perspectives* 32 (June 13, 2018) : 228-42.

[10] A. Williamson, M. Battisti, Michael Leatherbee, and J. Gish, "Rest, Zest, and My Innovative Best: Sleep and Mood as Drivers of Entrepreneurs' Innovative Behavior," *Entrepreneurship Theory and Practice* 483, no. 3 (September 25, 2018) : 582-610.

[11] Jennifer Leavitt, "How Much Deep, Light, and REM Sleep Do You Need?," Healthline, October 10, 2019, https://www.healthline.com/health/how-much-deep-sleep-do-you-need.

[12] Institute of Medicine, US Committee on Sleep Medicine and Research, and H. R. Colten and B. M. Altevogt, eds., *Sleep Disorders and Sleep Deprivation: An Unmet Public Health Problem* (Washington, D. C.: National Academies Press, 2006) , 2.

[13] Shahab Haghayegh, Sepideh Khoshnevis, Michael H. Smolensky, Kenneth R. Diller, and Richard J. Castriotta, "Before-Bedtime Passive Body Heating by Warm Shower or Bath to

Improve Sleep: A Systematic Review and Meta-analysis," *Sleep Medicine Reviews* 46 (2019) : 124-35.

[14] C. E. Milner and K. A. Cote, "Benefits of Napping in Healthy Adults: Impact of Nap Length, Time of Day, Age, and Experience with Napping," *Journal of Sleep Research* 18, no. 2 (2009) : 272-81.

[15] J. R. Goldschmied, P. Cheng, K. Kemp, L. Caccamo, J. Roberts, and P. J. Deldin, "Napping to Modulate Frustration and Impulsivity: A Pilot Study," *Personality and Individual Differences* 86 (2015) : 164-67.

[16] S. Mednick, K. Nakayama, and R. Stickgold, "Sleep-Dependent Learning: A Nap Is as Good as a Night," *Nature Neuroscience* 6, no. 7 (2003) : 697-98.

[17] Ron Chernow, *Grant* (New York: Penguin, 2017) , 376. ユリシーズ・グラントの功績は、生前、しばしばナポレオンの功績と比較された。グラントはナポレオンの軍事戦術について百科事典的な知識を持っていたが、どうやら彼の睡眠パターンについても知っていたようだ。

[18] Salvador Dalí's, *The Persistence of Memory*, 1931, Museum of Modern Art,moma.org/collection/works/79018. MoMA のウェブサイトでダリの技法についての音声説明を聞くことができる。

[19] Ian Gibson, *The Shameful Life of Salvador Dalí* (London: Faber and Faber, 1997), chaps. 2 and 3.

[20] Drake Baer, "How Dalí, Einstein, and Aristotle Perfected the Power Nap," *Fast Company*, December 10, 2013, https://www.fastcompany.com/3023078/how-dali-einstein-and-aristotle-perfected-the-power-nap.

[21] Baer, "How Dalí, Einstein, and Aristotle."

[22] Salvador Dalí, *50 Secrets of Magic Craftsmanship* (Mineola, N. Y. : Courier Corporation, 2013) , 37.

第5章

[1] Guinness World Records News, "Sherlock Holmes Awarded Title for Most Portrayed Literary Human Character in Film and TV," Guinness World Records, May 14, 2012, https://www.guinnessworldrecords.com/news/2012/5/sherlock-holmes-awarded-title-for-most-portrayed-literary-human-character-in-film-tv -41743/?fb_comment_id=10150968618545953_27376924.

[2] In Doyle's *Adventures of Sherlock Holmes*, gutenberg.org/files/1661/1661-h/1661-h.htm. [『シャーロック・ホームズの冒険』アーサー・コナン・ドイル著、深町眞理子訳、東京創元社、2010]

[3] "Cataracts," The Mayo Clinic, accessed October 14, 2020, https://www.mayoclinic.org/diseases-conditions/cataracts/symptoms-causes/syc-20353790.

[4] "The Life and Times of Warriors' Star Stephen Curry," *GameDay News*, June 19, 2019, https://www.gamedaynews.com/athletes/life-of-stephen-curry/?chrome=1.

[5] "Every Exercise Steph Curry's Trainer Makes Him Do," GQ Sports: The Assist,September

20, 2019, YouTube, https://www.youtube.com/watch?v=M0FwbaLVHpg.

[6] Drake Baer, "Steph Curry Literally Sees the World Differently Than You Do," *The Cut*,June 13,2016,https://www.thecut.com/2016/06/steph-curry-perception-performance.html.

[7] "Dr. Jocelyn Faubert on NeuroTracker," TEDx-Montreal, July 4, 2018, YouTube, https://www.youtube.com/watch?v=i7rz1dyZyi8.

[8] "John and Julie Gottman," Gottman Institute, n. d., accessed September 22, 2020, https://www.gottman.com/about/john-julie-gottman/.

[9] John Gottman and Joan DeClaire, *The Relationship Cure* (New York: Crown, 2002) , chap. 2. [『「感情シグナル」がわかる心理学：人間関係の悩みを解決する５つのステップ』ジョン・M. ゴットマン、ジョアン・デクレア著、伊藤和子訳、ダイヤモンド社、2004]

[10] "Eckhart Tolle and Peter Russell on Meditation," February 20, 2013, YouTube, https://www.youtube.com/watch?v=xDlnkNu0au0.

[11] ロナルド・エプスタインは、ニューヨーク州ロチェスターにあるロチェスター大学医学部歯科学科の家庭医学、精神医学、腫瘍学の教授。著書に [*Attending: Medicine, Mindfulness and Humanity* (New York: Scribner, 2017)] がある。

[12] "Clearness Committees-What They Are and What They Do," FGC Friends General Conference, n. d., accessed September 22, 2020, https://www.fgcquaker.org/resources/clearness-committees-what-they-are-and-what-they-do.

[13] Parker J. Palmer, "The Clearness Committee: A Communal Approach to Discernment in Retreats," Center for Courage & Renewal, accessed October 14, 2020, http://www.couragerenewal.org/clearnesscommittee/.

PART 2

[1] Robbie Gonzalez, "Free Throws Should Be Easy. Why Do Basketball Players Miss?," *Wired*, March 28, 2019, https://www.wired.com/story/almost-impossible-free-throws/.

[2] Adam Hayes, "Law of Diminishing Marginal Returns," Investopedia, August 24, 2020, https://www.investopedia.com/terms/l/lawofdiminishingmarginalreturn.asp.

[3] ヴィクトール・フランクルは、彼の患者のうち極端なケースに対して「*hyperintention*」（意思過剰）という、同様の意味の言葉を使っていた。しかし私は「*overexertion*」（頑張りすぎ）という表現を使いたい。

[4] Harry J. Stead, "The Principle of Wu Wei and How It Can Improve Your Life," *Medium*, May 14, 2018, https://medium.com/personal-growth/the-principle-of-wu-wei-and-how-it-can-improve-your-life-d6ce45d623b9.

第６章

[1] Pablo LledÓ, "Wasa and Scope Creep-Based on a True Story," trans. Dr. David Hillson, accessed October 15, 2020, http://pablolledo.com/content/articulos/WASA%20-%20Scope%20Creep. pdf. See also Eric H. Kessler, Paul E. Bierly III, and Shanthi Gopalakrishnan, "Vasa Syndrome: Insights from a 17th-Century New-Product Disaster," The Academy of Management

Executive 15, no. 3 (August 2001) : 80-91, https://www.jstor.org/stable/4165762?seq=1.The vessel is known both as the Wasa and Vasa.

[2] Margareta Magnusson, The Gentle Art of Swedish Death Cleaning: How to Free Yourself and Your Family from a Lifetime of Clutter (New York: Scribner, 2018) . [『人生は手放した数だけ豊かになる』マルガレータ・マグヌセン著、上原裕美子訳、三笠書房、2018]

第7章

[1] Alex Sherman, "Netflix Has Replaced Broadcast TV as the Center of American Culture-Just Look at the Viewership Numbers," CNBC, April 21, 2020, https://www.cnbc.com/2020/04/21/netflix-massive-viewership-numbers-proves-it-owns-pop-culture.html#:~:text=Netflix%20has%20more%20than%20183%20million%20global%20subscribers.

[2] "Keynote 4: Reed Hastings, CEO and Founder, Netflix," Mobile World Congress 2017, February-March 2017, Mobile World Live, https://www.mobileworldlive.com/mobile-world-congress-2017.

[3] Jon Xavier, "Netflix's First CEO on Reed Hastings and How the Company Really Got Started | Executive of the Year 2013," *Silicon Valley Business Journal*, January 8, 2014, https://www.bizjournals.com/sanjose/news/2014/01/08/netflixs-first-ceo-on-reed-hastings.html Also see Alyssa Abkowitz, "How Netflix Got Started," Fortune, January 28, 2009, https://archive.fortune.com/2009/01/27/news/newsmakers/hastings_netflix.fortune/index.htm.

[4] "Four Unbelievably Simple Steps to Double Your Productivity," *Learn Do Become*, accessed October 15, 2020, https://learndobecome.com/wp-content/uploads/2016/11/Four-Unbelievably-Simple-Steps-Transcript.pdf?inf_contact_key=cb4c4e5fef9fce1717df2acfb975a1f352696a354c5a36f7c65eb862cc3ca8f2.

[5] Marie Kondo, *The Life-Changing Magic of Tidying Up: The Japanese Art of Decluttering and Organizing* (Berkeley, Calif. : Ten Speed Press, 2014) . [『人生がときめく片づけの魔法』近藤麻理恵著、サンマーク出版、2010]

[6] Fumio Sasaki, *Goodbye, Things: The New Japanese Minimalism* (New York: Norton, 2017) , 87. [『ぼくたちに、もうモノは必要ない。』佐々木典士著、ワニブックス、2015]

[7] Eric Ries, "Minimum Viable Product: A Guide," *Startup Lessons Learned*, August 3, 2009, http://soloway.pbworks.com/w/file/fetch/85897603/1%2B%20Lessons%20Learned_%20Minimum%20Viable%20Product_%20a%20guide2.pdf.

[8] Rebecca Aydin, "How 3 Guys Turned Renting Air Mattresses in Their Apartment into a $31 Billion Company, Airbnb," *Business Insider*, September 20, 2019, https://www.businessinsider.com/how-airbnb-was-founded-a-visual-history-2016-2.

[9] William Shakespeare, *A Midsummer Night's Dream* (Signet Classics) , ed. Wolfgang Clemen (New York: Signet, 1998) . [『夏の夜の夢・あらし』シェイクスピア著、福田恒存訳、新潮社、1971]

[10] "What Is a Microburst?," National Weather Service, accessed October 15, 2020, https://www.weather.gov/bmx/outreach_microbursts#:~:text=A%20microburst%20is%20a%20localized,%2C%20can%20be%20life%2Dthreatening.

[11] April Perry, "[Podcast 53]: How to Utilize Pockets of Time," June 6, 2019, *Learn Do Become*, https://learndobecome.com/episode53/.

[12] Laura Spinney, "The Time Illusion: How Your Brain Creates Now," *New Scientist*, January 7, 2015. 著者自身がこの測定について教えてくれた。彼女はドイツのフライブルクにあるマーク・ヴィットマン心理学・精神衛生新領域研究所の創設者、マーク・ヴィットマンの言葉を引用している。「あなたの『今』の感覚が、あなたの意識的な経験全体を支えている」

第8章

[1] 2020年4月17日のペリ・ハートマンとの対談にもとづく。

[2] Richard L. Brandt, *One Click: Jeff Bezos and the Rise of Amazon. com* (New York: Portfolio/Penguin, 2011) . [『ワンクリック：ジェフ・ベゾス率いるAmazonの隆盛』リチャード・ブラント著、井口耕二訳、日経BP、2012]

[3] Mike Arsenault, "How Valuable Is Amazon's 1-Click Patent? It's Worth Billions," *Rejoiner*, accessed October 15, 2020, http://rejoiner.com/resources/amazon-1clickpatent/.

[4] Louis V. Gerstner, Jr., *Who Says Elephants Can't Dance* (New York: Harper Business, 2003) , 43. [『巨象も踊る』ルイス・ガースナーJr著、山岡洋一、高遠裕子訳、日本経済新聞社、2002]

[5] Farhad Manjoo, "Invincible Apple: 10 Lessons from the Coolest Company Anywhere," *Fast Company*, July 1, 2010, https://www.fastcompany.com/1659056/invincible-apple-10-lessons-coolest-company-anywhere.

[6] Jim Highsmith, "History: The Agile Manifesto," Agile Alliance, 2001, agilemanifesto.org/history.html.

[7] Andy Benoit, *Andy Benoit's Touchdown 2006: Everything You Need to Know About the NFL This Year* (New York: Ballantine Books, July 14, 2006) .

第9章

[1] Anthony Morris, "A Willingness to Fail Solved the Problem of Human-Powered Flight," *Financial Review*, October 6, 2015, https://www.afr.com/work-and-careers/management/being-willing-to-fail-solved-the-problem-of-humanpowered-flight-20151016-gkb658.

[2] Paul MacCready and John Langford, "Human-Powered Flight: Perspectives on Processes and Potentials," MIT 1998 Gardner Lecture, uploaded to YouTube November 13, 2019, https://www.youtube.com/watch?v=t8C8-BB_7nw.

[3] Ed Catmull, "Lessons from Pixar President Ed Catmull: Your Ideas Are 'Ugly Babies,' You Are Their Champion," https://www.fastcompany.com/3027548/pixars-ed-catmull-on-the-importance-of-protecting-new-ideas.

[4] John Klick, "Culture Eats Strategy: Using It to Your Advantage to Inspire Innovation Action," *PDS Blog*, October 1, 2018, https://www.pdsxchange.com/2018/10/culture-eats-strategy-using-it-to-your-advantage-to-inspire-innovation-action/.

[5] Ben Casnocha, "Reid Hoffman's Two Rules for Strategy Decisions," *Harvard Business Review*, March 5, 2015, https://hbr.org/2015/03/reid-hoffmans-two-rules-for-strategy-decisions.

[6] Reid Hoffman, "Imperfect Is Perfect," *Masters of Scale* podcast, Ep. 4, May 24, 2017, https://mastersofscale.com/mark-zuckerberg-imperfect-is-perfect/.

[7] George Bernard Shaw, *The Doctor's Dilemma: Preface on Doctors* (New York: Brentano's, 1911) , lxxxv and lxxxvi, https://babel.hathitrust.org/cgi/pt?id=mdp.39015008017934&view=1up&seq=3.

[8] Chris Knight, "Chris Knight: 'A Word after a Word after a Word Is Power' Is a Celebration of All Things Atwoodian," *National Post*, November 6, 2019, https://nationalpost.com/entertainment/movies/chris-knight-a-word-after-a-word-after-a-wordis-power-is-a-celebration-of-all-things-atwoodian.

第10章

[1] ローランド・ハントフォードの [*The Last Place on Earth: Scott and Amundsen's Race to the South Pole* (New York: Atheneum, 1983)] にこの冒険についての非常に詳しい描写がある。

[2] 2020年5月10日のジャニス・カップ・ペリーとの対談にもとづく。以下も参照のこと。Susan Easton Black and Mary Jane Woodger, *Women of Character: Profiles of 100 Prominent LDS Women* (American Fork, Utah: Covenant Communications) , 227-29.

[3] Lucy Moore, "Before I Met You by Lisa Jewell," Female First, May 23, 2013, https://www.femalefirst.co.uk/books/before-i-met-you-292526.html.

[4] 2020年7月に私がおこなった本人へのインタビューにもとづく。

[5] Paul Shoemaker, "Can You Handle VUCA? If You Can't, You Could Perish," *Inc.*, September 27, 2018, https://www.inc.com/paul-schoemaker/can-you-vuca.html.

[6] Joe Indvik, "Slow Is Smooth, Smooth Is Fast: What SEAL and Delta Force Operators Can Teach Us About Management," LinkedIn, November 24, 2015, https://www.linkedin.com/pulse/slow-smooth-fast-what-seal-delta-force-operators-can-teach-joe-indvik/.

PART 3

[1] Robbie Gonzalez, "Free Throws Should Be Easy. Why Do Basketball Players Miss?," *Wired*, March 28, 2019, https://www.wired.com/story/almost-impossible-free-throws/.

[2] Burton Malkiel and Charles Ellis, *The Elements of Investing: Easy Lessons for Every Investor* (Hoboken, NJ: Wiley, 2013) , 11. [『投資の大原則：人生を豊かにするためのヒント』バートン・マルキール、チャールズ・エリス著、鹿毛雄二、鹿毛房子訳、日本経済新聞出版社、2018] 「フランクリンが1790年に亡くなったとき、彼は自分の好きな都市であるボストンとフィラデルフィアにそれぞれ5000ドルを遺贈した。このお金は投資され、贈与された日から100年後と200年後のそれぞれ特定の日に払い戻されることになっていた。100年後には、各都市は公共事業のために50万ドルを引き出すことができる。200年後の1991年には、各都市が複利で約2000万ドルの残額を受け取ることができるという形だ」

[3] Jessica Jackley, *Clay, Water, Brick: Finding Inspiration from Entrepreneurs Who Do the Most with the Least* (New York: Random House, 2015) . 2020年7月のジェシカ本人とのやりとりにももとづいている。

[4] Diodorus Siculus, *Diodorus Siculus: Library of History*, vol. 11, books 21-32, trans. Francis R.

Walton (Cambridge, Mass.: Harvard University Press, 1957) .

第11章

[1] A. Storr, "Issac Newton," *British Medical Journal (Clinical Research Edition)* 291, no. 6511 (1985) : 1779-84.

[2] "Principia," Classic Thesaurus, accessed October 15, 2020, https://www.classicthesaurus.com/principia/define.

[3] George N. Lowrey Company, "The Convention: Fifteenth Annual Convention of the National Association of Clothiers, Held June 5 and 6, 1911," *The Clothier and Furnisher* 78, no. 6 (1911) : 86.

[4] "The Three Buckets of Knowledge," *FS Blog*, February 2016, https://fs.blog/2016/02/three-buckets-lessons-of-history/.

[5] P. R. Kunz and M. Woolcott, "Season's Greetings: From My Status to Yours," *Social Science Research* 5, no. 3 (1976) : 269-78.

[6] 2015年1月5日、イーロン・マスクがReddit上でAMA（なんでも質問に答えるよ！）と投稿し、一般の人々からの質問に答えた。https://www.reddit.com/r/IAmA/comments/2rgsan/i_am_elon_musk_ceocto_of_a_rocket_company_ama/. マスクは次のように書いている。「ほとんどの人は、自分が思っている以上に多くのことを学ぶことができると思います。やってみる前にあきらめているだけです。ひとつアドバイスとしては、知識を一種のセマンティック・ツリー（意味の木）として捉えることが重要です。そして枝葉・詳細を見る前に、まず幹や大きな枝、つまり土台となる原理を理解しておくんです。そうしないと枝葉をつなぎとめるものがありませんから」。ちなみに、他のユーザーから「あなたの人生に最大のポジティブなインパクトを与えている習慣は何ですか？」と尋ねられると、マスクは「シャワーを浴びること」とシンプルに答えた。

[7] Patrice Voss, Maryse E. Thomas, J. Miguel Cisneros-Franco, and Étienne de Villers-Sidani, "Dynamic Brains and the Changing Rules of Neuroplasticity: Implications for Learning and Recovery," *Frontiers in Psychology* 8, no. 1657, https://psycnet.apa.org/record/2017-47425-001.

[8] Robert Abbot, "Big Mistakes: Charlie Munger," *Guru Focus*, July 1, 2019, https://www.gurufocus.com/news/902508/big-mistakes-charlie-munger.

[9] Isaiah Berlin, *The Hedgehog and the Fox* (London: Weidenfeld & Nicolson, 1953) . [『ハリネズミと狐：『戦争と平和』の歴史哲学』バーリン著、河合秀和訳、岩波書店、1997]

[10] Jim Collins, *Good to Great: Why Some Companies Make the Leap and Others Don't* (New York: Harper Business, 2001) , 90. [『ビジョナリーカンパニー　2』ジェームズ・C・コリンズ著、山岡洋一訳、日経BP社、2001]

[11] Tren Griffin, *Charlie Munger: The Complete Investor* (New York: Columbia Business School Publishing, 2015) , 43. [『完全なる投資家の頭の中：マンガーとバフェットの議事録』トレン・グリフィン著、長尾慎太郎監修、井田京子訳、パンローリング、2016]

[12] B. Uzzi et al., "Atypical Combinations and Scientific Impact," *Science* 342, no. 6157 (2013): 468-72.

[13] "Hidden Connections Conference," Nanyang Technological University, Singapore, March 31, 2015, YouTube, https://www.youtube.com/watch?v=mbxcAFh4wO8.

[14] Andrew Perrin, "Slightly Fewer Americans Are Reading Print Books, New Survey Finds," Pew Research Center, October 19, 2015, https://www.pewresearch.org/fact-tank/2015/10/19/slightly-fewer-americans-are-reading-print-books-new-survey-finds/. 米国の成人で過去1年以内に本を部分的にでも読んだことがあると回答した人は10人に7人(72%)だった(79%から減少)。幸いなことに、この数字は18～29歳の成人では80%である。一般的なイメージとは異なり、ミレニアル世代は本を読んでいることがわかる。

[15] "How to Choose Your Next Book," *FS Blog*, August 2013, https://fs.blog/2013/08/choose-your-next-book/.

[16] Avi Charkham, "You're Not a Two-Legged Camel You're Just Different," Medium, January 18, 2019, https://medium.com/@aviche/two-legged-camel-9e60eb09eb57. See also "How One Man Changed the High Jump Forever, the Olympics on the Record," April 1, 2018, YouTube, https://www.youtube.com/watch?v=CZsH46Ek2ao.

第12章

[1] https://projectprotect.health/#/.

[2] "Aesop," *Britannica*, accessed October 15, 2020, https://www.britannica.com/biography/Aesop.

[3] Robert Sutton and Huggy Rao, *Scaling Up Excellence: Getting to More Without Settling for Less* (New York: Random House Business, 2016). サットンとラオは、この原則をP&G社の元CEOであるA. G. ラフリーの言葉だとしている。ラフリーは「セサミストリートのようなシンプルなスローガンを何度も繰り返すことで、誰もが重要なことを身につけられる」と考えている。どこの5歳児も同意してくれることだろう。

第13章

[1] Alfred North Whitehead, *An Introduction to Mathematics* (London: Williams and Norgate, 1911), 61. [『数学入門』ホワイトヘッド著、大出晁訳、松籟社、1983]

[2] Atul Gawande, *The Checklist Manifesto: How to Get Things Right* (New York: Metropolitan Books, 2009), 33. [『アナタはなぜチェックリストを使わないのか？：重大な局面で"正しい決断"をする方法』アトゥール・ガワンデ著、吉田竜訳、晋遊舎、2011]

[3] Paul Reber, "What Is the Memory Capacity of the Human Brain?," *Scientific American*, May 1, 2010, https://www.scientificamerican.com/article/what-is-the-memory-capacity/.

[4] https://www.legacy.com/obituaries/saltlaketribune/obituary.aspx?n=irene-gaddis&pid=170495784&fhid=11607.

[5] Alexander Sehmer, "Teenager's Parking Appeals Website Saves Motorists £2m After Overturning Thousands of Fines," *Independent*, December 29, 2015, https://www.independent.co.uk/news/uk/home-news/teenager-s-parking-appeals-website-saves-motorists-ps2m-after-overturning-thousands-fines-a6789711.html. See also https://donotpay.com/ and "Meet the Teen Taking on the Parking Ticket," BBC News, September 6, 2015, https://www.bbc.co.uk/programmes/p031rmqv.

[6] Dan Heath, "How Expedia Solved a $100 Million Customer Service Nightmare," *Medium*,

March 3, 2020, https://marker.medium.com/how-expedia-solved-a-100-million-customer-service-nightmare-d7aabc8d4025. ライアン・オニールが 2020 年 8 月の対談の中でこの話を裏づけてくれた。

第14章

[1] Warren Buffett, "Chairman's Letter," February 27, 2004, Berkshire Hathaway, Annual Report, p. 6, https://berkshire hathaway.com/letters/2003ltr.pdf.

[2] 2020 年 8 月 25 日のホールとの対談にもとづく。

[3] "Warren Buffett Speaks with Florida University," YouTube, October 15, 1998, uploaded to YouTube July 3, 2013, https://www.youtube.com/watch?v=2MHIcabnjrA&t=1050s.

[4] Kim Scott, *Radical Candor: Fully Revised & Updated Edition: Be a Kick-Ass Boss Without Losing Your Humanity* (New York: St. Martin's Publishing Group, 2019) , 9. [『Great boss：シリコンバレー式ずけずけ言う力』キム・スコット著、関美和訳、東洋経済新報社、2019]

[5] Accessed October 15, 2020, https://www.leanconstruction.org/.

第15章

[1] Alexis C. Madrigal, "The Last Smallpox Patient on Earth: The Case of Ali Maow Maalin, a Somalian Cook," *The Atlantic*, December 9, 2013, https://www.theatlantic.com/health/archive/2013/12/the-last-smallpox-patient-on-earth/282169/.

[2] David Allen, *Getting Things Done: The Art of Stress-Free Productivity* (New York: Penguin Books, 2015) , 237. [『仕事を成し遂げる技術：ストレスなく生産性を発揮する方法』デビッド・アレン著、森平慶司訳、はまの出版、2001] ちなみにデビッド・アレンは「このシンプルだが驚異的な次の行動を起こすテクニック」を説明する際、長年の友人であり経営コンサルティングの師でもあるディーン・アシェンは、元国務長官とは無関係であると付け加えている。

[3] Henry David Thoreau, *Walden* (New York: Thomas Y.Crowell, 1910) , 98. [『森の生活：ウォールデン』H. D. ソロー著、飯田実訳、岩波書店、1995]

[4] Michael A. Roberto, *Know What You Don't Know: How Great Leaders Prevent Problems Before They Happen* (Upper Saddle River, NJ: Pearson Education, 2009) , 1.

[5] "French Red Faces over Trains That Are 'Too Wide,'" BBC News, May 20, 2014,https://www.bbc.com/news/world-europe-27497727. See also "French Trains Are Too Wide for Stations," NPR, May 22, 2014, https://www.npr.org/2014/05/22/314925114/french-trains-are-too-wide-for-stations.

Epilogue

[1] Robert Frost, "Stopping by Woods on a Snowy Evening," in *New Hampshire* (New York: Henry Holt, 1923) . [『ニューハンプシャー：ロバート・フロスト詩集』藤本雅樹訳、春風社、2020]

【著者紹介】
グレッグ・マキューン（Greg Mckeown）
◉―― McKeown Inc. のCEO。アドビ、アップル、グーグル、フェイスブック、ピクサー、セールスフォース・ドットコム、シマンテック、ツイッター、VMWare、ヤフーなど名だたる企業のコンサルティングをおこなう。著書『エッセンシャル思考』は全米ベストセラーとなり、ニューヨーク・タイムズ紙やファスト・カンパニー誌、フォーチュン誌などで取り上げられたほか、NPRやNBCなどの有名メディアでインタビューを受けた。ハーバード・ビジネス・レビューやリンクトインに人気ブログを寄稿し、ポッドキャスターとしても人気が高い。世界経済フォーラムの「ヤング・グローバル・リーダーズ」に選出された。

【訳者紹介】
高橋　璃子（Rico Takahashi）
◉―― 翻訳家。京都大学卒業。ラインワール応用科学大学修士課程修了（MSc）。訳書に『エッセンシャル思考』『スタンフォード大学で一番人気の経済学入門』『NYの人気セラピストが教える 自分で心を手当てする方法』（いずれも小社刊）、『アダム・スミスの夕食を作ったのは誰か？』（河出書房新社）、『GDP――〈小さくて大きな数字〉の歴史』（みすず書房）、『ブロックチェーン・レボリューション』（ダイヤモンド社）などがある。

エフォートレス思考《しこう》
努力《どりょく》を最小化《さいしょうか》して成果《せいか》を最大化《さいだいか》する

2021年12月6日　第1刷発行
2024年11月22日　第7刷発行

著　者――グレッグ・マキューン
訳　者――高橋　璃子
発行者――齊藤　龍男
発行所――株式会社かんき出版
東京都千代田区麴町4-1-4 西脇ビル　〒102-0083
電話　営業部：03(3262)8011㈹　編集部：03(3262)8012㈹
FAX　03(3234)4421　　振替　00100-2-62304
https://kanki-pub.co.jp/

印刷所――TOPPANクロレ株式会社

　ISBN978-4-7612-7581-5 C0030

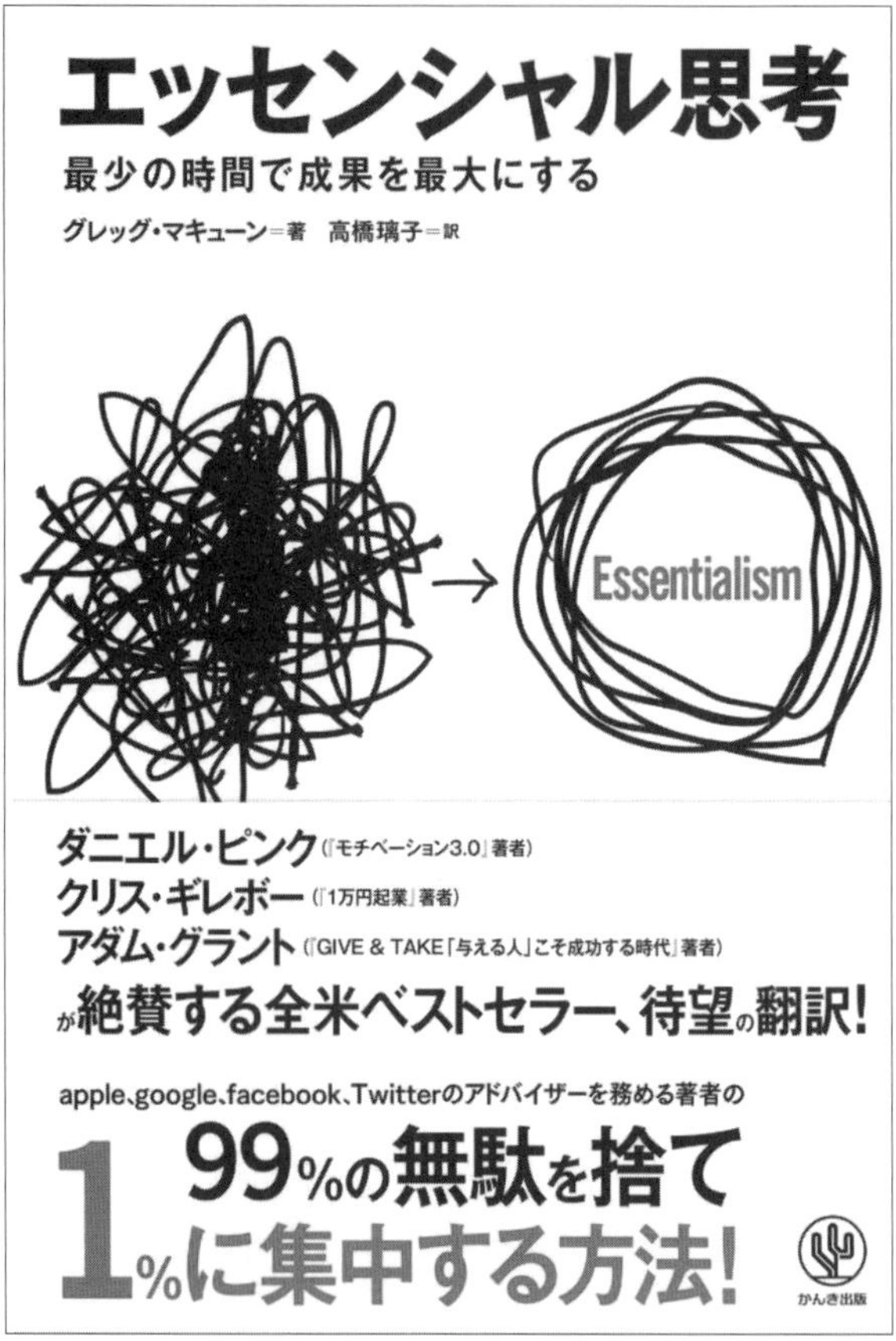
エッセンシャル思考
最少の時間で成果を最大にする
グレッグ・マキューン＝著　高橋璃子＝訳
Essentialism
ダニエル・ピンク（『モチベーション3.0』著者）
クリス・ギレボー（『1万円起業』著者）
アダム・グラント（『GIVE & TAKE「与える人」こそ成功する時代』著者）
が絶賛する全米ベストセラー、待望の翻訳！
apple、google、facebook、Twitterのアドバイザーを務める著者の
99%の無駄を捨て
1%に集中する方法！
かんき出版